엄마이기 이전에,

스스로 소중한 존재인

__________________ 님께 드립니다.

# 다시, 내가 되다

Me, Again!

지정화 지음

자유문고

프롤로그

# 말하는 대로

"말하는 대로~

될 수 있다곤 믿지 않았지. 믿을 수 없었지

맘먹은 대로 생각한 대로~

할 수 있단 건 거짓말 같았지

고개를 저었지

사실은 한 번도 미친 듯 그렇게 달려든 적이 없었다는 것을

말하는 대로 될 수 있단 걸

눈으로 본 순간 믿어보기로 했지

맘먹은 대로 생각한 대로"

-처진 달팽이, 「말하는 대로」

내가 제일 좋아하는 노래의 가사이다. 결혼해서 아이를 낳아 키우다 보니 나 자신보다는 아이들과 가족에 집중하게 된다. 노래방에서 부를 수 있는 노래도 '뽀로로와 노래해요' 시리즈뿐이었던 30대 후반 어느 날, 라디오에서 이 노래를 들었다.

왈칵 눈물이 쏟아졌다.

"사실은 한 번도 미친 듯 그렇게 달려든 적이 없었다는 것을"

마치 내 인생을 노래한 것 같았다. 아이를 낳고 일하면서 나름 열심히 살았지만, 사실 정말 내 모든 것을 집중해서 열정을 불태워 본 적은 없었다.

엄마니까 여자니까 그냥 그 정도면 됐다고 생각했다.

세 아이의 엄마 노릇, 학원장 노릇, 아내 노릇에 딸과 며느리 역할까지 병행하느라 나의 30대는 오래되어서 쉰내 나는 걸레 조각 같았다. 내 삶을 바꾸고 싶었다. 노래에서처럼 말하는 대로, 생각하는 대로 될 수 있다면 내 모든 에너지를 쏟아부을 수 있을 것 같았다.

'나 자신'에게 집중하는 삶을 살기로 했다. 이 노래를 듣고 내면의 소리를 따라 지친 나를 격려해 가며 용기를 냈다.

"없는 시간 쪼개서 자기계발한다고 뭐가 달라지나?"

"지금 하는 일이나 잘하지."

"이것저것 다 하려고 욕심 부리다 아무것도 못하지."

그저 '나 자신'에 집중하고 나를 위한 삶을 살기를 선택했을 뿐인데 주변의 반응은 차가웠다. 하지만 멈추지 않고 지난 7년간 나를 계발해 나갔다.

평범한 엄마이던 내가, '미친 듯 그렇게 몰두하는 삶'을 선택해서 변화되어 간 과정을 대한민국의 엄마들과 공유하고 싶었다.

사교육의 최전선에 있는 어학원을 운영하면서 교육자와 사업가 사이에서 갈등도 겪었다. 지탄(?)의 대상인 사교육을 이끌어 나가야 했기에 내 일의 가치와 사명을 찾기도 쉽지 않았다.

하지만 나는 엄마이기 때문에 버텼다.

교육현장에서 수많은 엄마들과 학생들을 만나왔다. 답답하리만치 아이만을 생각하고 살아가는 엄마들이 아직도 많이 있다. 그리고 열심히 자신의 삶을 사는 많은 엄마들은 죄책감에서 벗어나지 못한다.

엄마에게는 엄마만의 자기계발이 필요하다. 이 책이 엄마에서 다시 자신을 찾아가는 자극제가 되기를 바라는 마음으로 글을 썼다. 나 자신에 집중하고 싶은데 뭐부터 시작해야 할지 잘 모르는 엄마들에게 술술 읽히면서 엄마 성장이라는 긴 여정의 가이드 역할을 해주고 싶다.

1장에서는 여자에서 엄마가 된 그녀들과 울고 웃으며 공감하고, 육아와 관련된 에피소드를 나누며 힐링한다.

2장은 얼떨결에 학원장이 된 평범한 엄마가 점차 사업가로 자리를 잡아 가면서 책을 통해 성장한 과정을 소개한다.

3장은 많은 엄마들이 아직도 눈앞의 결과에 집착하여 교육철학을 정립하지 못하고 우왕좌왕하는 모습을 보고, 교육전문가의 시각으로 함께 해결책을 모색해 본다.

4장 '엄마, 부자의 꿈을 가지다'에서는 부에 대한 바람직한 태도를 소개하고, 가정에서 필요한 엄마의 경영 리더십을 알아본다.

5장은 이제까지의 여정을 통해 '엄마'에서 '경영자'로까지 성장한 여자들이 다시 스스로에게 집중하고 내면을 돌아볼 수 있는 시간을 마련해 본다.

이 책은 세 번에 걸쳐 읽기를 권한다.

처음 읽을 때는 에피소드 위주로 슬쩍슬쩍 설렁설렁 읽으며, 몇 장쯤은 건너뛰어도 좋다. 맘에 드는 에피소드에서 함께 울고 웃으며 즐기면 좋겠다.

두 번째 읽을 때는 에피소드는 그냥 넘어가더라도 Writer's Tip 부분을 정독하면서 필기구를 들고 자신의 생각을 함께 적어 내려가 본다. 이것도 정해진 순서는 없다. 마음 끌리는 대로 원하는 챕터를 펼쳐서 하나하나 채워가 보자.

세 번째 읽을 때는 전체 내용을 훑어보면서 내가 쓴 글들을 다시 읽어 본다. 처음 적었을 때와 마음이 바뀌어 있다면 밑에 한 줄 다시 써도 좋다.

함께 울고 짜고 눈물 콧물 묻히고, 생각하고 쓰고 덮어두었다가 설거지물도 튀기고 반찬 국물이 튀어도 좋다. 항상 옆에서 엄마들을 위로하고 격려해주며, 지금 잘하고 있다고 마음 다독여주는 친정엄마 같은 책이 되었으면 좋겠다.

처음 내가 '엄마 계발서'를 쓰겠다고 했을 때 "그게 뭐야? 그냥 잘하는 영어에 대한 책이나 써"라는 충고를 많이 들었다. 하지만 엄마가 바뀌어야 교육이 바뀐다. 교육이 바뀌면 세상이 바뀐다.

엄마들이 행복해야 우리 아이들도 행복한 세상에서 영어든 뭐든 써가며 멋지게 살 것이 아닌가?

"교육으로 세상을 바꾸는 비전 교육 전문가 지정화", 6년 전부터 내 명함에 나를 소개하는 글이다.

'말하는 대로, 생각하는 대로 될 수 있다'는 것을 나는 이제 안다.

2019년 6월

지정화

프롤로그 말하는 대로 • 5

1장 엄마가 되다

처음으로 '엄마'라고 불린 순간 • 15
군대 얘기와 맞먹는 임신 출산기 • 21
먹이고, 재우고, 입히기만 하면 될 줄 알았지? • 27
영어강사 엄마의 조기교육 실패담 • 34
유치원 졸업식장에서 눈물을 훔쳐본 적 있다면 • 40
아이 책에서 엄마 책으로 • 46

2장 엄마, 공부를 시작하다

워킹맘도 전업맘도 바로 지금 행복해지기 • 55
얼떨결에 어학원장이 되다 • 63
원장 하면 멋있는 줄만 알았는데 • 71
교육과 사업을 넘나드는 외줄타기 • 78
엄마 수업이 필요하다 • 84
나를 살린 독서 • 90

3장 엄마, 전문가가 되다

특목고 입시 학부모 세미나를 준비하면서 • 101
꿈이 스스로 공부하게 한다 • 107
진짜 몰입과 자기주도는 어디에서 오는가? • 115
영어학원 보내지 말라는 영어학원장 • 126
엄마의 마음으로 성공하라 • 131
아무리 읽어도 삶은 바뀌지 않는다 • 137

4장

엄마, 부자의 꿈을 꾸다

꿈꾸는 부자 엄마 • 147
4천억 부자의 제자가 되다 • 153
내가 다 할 수 없다는 것을 인정하기 • 162
품위 있는 엄마 • 169
더 많이 실패해야 한다 • 177
부를 현실화하는 독서 • 183

5장

결국 다시 '내'가 되다

엄마는 커서 뭐가 될 거야? • 193
인생 최고의 몸매 달성은 바로 지금 • 198
감사의 힘 • 204
독립적인 아이로 키우기 위한 최고의 선물 • 211
독서를 통한 끌어당김의 법칙 • 218
나에게 집중하면 얻어지는 것들 • 226

에필로그 엄마의 마카롱 • 233

# 1장 엄마가 되다

Me, Again!

# 처음으로 '엄마'라고 불린 순간

"엄마 경력 몇 년 차이신가요?"

갓 계급장을 단 엄마부터 수년의 경력은 있는 분까지 다양할 것이다. 이미 우리에게 익숙해진 또 하나의 이름 '엄마.' 어느새 이름보다 엄마라는 단어가 더 익숙하다.

"엄마, 엄마, 엄마."

집에서는 아이들이 늘 외친다. 아이가 세 명이다 보니 주말에는 시시때때로 "엄마", "엄마", 부르기 시작하는데 가끔은 정말 곤란한 순간이 온다. 혼자만의 시간이 필요할 때, 바로 화장실에 있을 때조차도 "엄마, 엄마"를 찾으며 문을 확 열어젖힌다. 변비가 안 오려야 안 올 수가 없다.

문을 잠그면 그만이라고 생각하는 분들도 있을 거다. 하지만 아이가 어리면 볼일을 보다가도 멈추고 달려가야 한다.

혹시나 혼자서 문을 잠그고 못 나오는 일이 생길까 봐 새집으로 이사를 가면서 모든 문에 달린 잠금 장치를 떼버린 것이 기본적인 엄권(엄마의 인권)까지 침해 받게 된 것이다. 시간당 엄마 부르기 밀집도를 계산하라면 대한민국 서울의 인구밀도보다 더 높지 않을까? 하다못해 세 아이들에게 이런 선언을 했다.

"연령별로 '엄마' 부르기 횟수 제한을 하겠어!"

우리는 이 엄마라는 말을 언제 처음 들었을까? 생생히 기억하고 있을 것이다. 첫아이가 그 작고 예쁜 입을 오물거리면서 '음~~마' 혹은 '옴~~마', 혹은 '마~'라고 불러줬던 순간을. 그 가슴 떨리고 사랑 충만한 순간이 바로 우리가 처음으로 엄마라고 불린 시간일까?

기억을 더듬어 본다. 누군가 나를 '엄마'라고 처음으로 불렀던 그때.

나는 지금 산부인과 대기실에 있다. 남편 될(?) 사람과 임신테스트기를 확인한 후 떨리는 마음으로 첫 방문을 했었던 바로 그 산부인과. 사실 연애 기간도 짧았고 상견례를 마치자마자 확인한 임신이라 얼떨떨한 마음 반, 설레는 마음 반으로 검사 결과를 기다렸다.

저기서 간호사 선생님이 누군가를 불렀다.

"엄마~"

간호사 선생님이 왜 여기서 엄마를 부를까? 간호사 선생님 어머님이 병원에 왔나 보다. 근데 참 엄마를 사무적으로 부르네!

그런데 간호사 선생님은 자꾸 나를 향해 다가왔다.

"임신이 맞으신 것 같으니 초음파 검사를 해야 합니다."

'임신이라니…', '아기라니…' 난 기뻐해야 할지 어째야 할지 몰라서 당황스러웠다.

초음파 검사를 하면서 아이가 자라고 있다는 아기집을 확인했다. 아마 기억이 날 것이다. 그때 그 동그란 아기집. 그 흑백의 화면에 있는 동그란 부분이 귀엽고 예뻐 보인 것이 신기하다.

"엄마~"

또 한 번 들리는 엄마를 부르는 소리.

"임신 6주시네요."

임신 6주라는 말은 들리지도 않고, 그제야 엄마라는 말이 나를 향해 부르는 호칭이었다는 것을 알아차리고는 적잖이 당황했다.

그때 알게 됐다. 내가 내 이름이 아닌, 내 직급도 아닌, "저기요~"도 아닌 "엄마"라고 불릴 수 있다는 사실을. 그 후로 산부인과 검진을 받으러 갈 때마다 병원사람들은 나의 허락도 없이 자꾸만 나를 "엄마, 엄마"라고 불렀다.

뱃속에 있다는 그 조그마한 동그라미가 입이 달려 나를 부르는 것도 아닌데, 30평생을 나 위주로 살아오다가 준비도 되지 않은 상태에서 "엄마"라고 불리다니?

게다가 사랑하는 내 아이가 오물거리며 "엄마" 하고 부르는 경이로운 순간도 아니고, 첫 경험으로 받아들이기에는 너무나 삭막한 상황이 아닌가? 하지만 우리 엄마들은 아이를 낳기도 전부터 익숙해져야만 한다.

영국문화협회는 창설 70주년을 기념하여 흥미로운 조사를 실시한 적이 있다. 102개의 비영어권 국가를 대상으로 4만여 명에게 70개의 단어를 제시하고는 가장 아름답다고 생각하는 단어를 골라보게 했다.

조사 결과 1위에 엄마Mother가 뽑혔다. 2위 열정passion과 3위 미소smile, 4위 사랑love들을 물리치고 엄마가 1위에 오른 이유를 모르는 사람을 없을 것이다.

오늘도 퇴근하면 세 아이가 쉴 새 없이 나를 불러대겠지? 하지만 우린 모두 알고 있다. 아이들은 어느 순간 더 이상 '엄마'를 찾지 않는다는 것도, 화장실에서 문고리를 꼭 잡고 긴장하며 볼일을 보지 않아도 되는 그런 때가 온다는 것을.

우리는 항상 지난 시간을 후회한다. 그때 조금 더 공부할 걸.

그때 더 열심히 할 걸. 그때 이렇게 했었더라면……. 그리고 나 또한 아이들과의 엄마 싸움을 힘든 전쟁이라고 여긴 사실을 후회하리라는 걸 안다.

막내가 드디어 초등학생이 되었다. 큰아이는 얼굴 보기 힘든 사춘기 중학생이다. 엄마밀집도가 높은 환경에서 살날이 앞으로 몇 년이나 남았을까?

친정엄마와 한집에 살고 있지만 하루에 내가 엄마를 찾는 일은 몇 번 되지 않는다. 그러니 부모님과 떨어져 사는 사람들은 한 달에 한 번? 아니 일 년에 몇 번이나 '엄마'라고 불러줄까?

아이들이 엄마를 찾는 이 순간, 이 공간을 즐기고 감사해야겠다. 나를 간절히 부르고 찾을 때, 옆에서 따뜻하게 안아주고 평생에 남을 든든한 미소를 지어주자.

우린 할 수 있다. 엄마니까.

우리를 엄마로 불리게 해준, 아주 아주 아주 조그만 때부터 그 정도의 막강한 권력을 가진 요 작은 생명체들과 복닥복닥 살아가면서 알게 된 것들, 혹은 알면서도 하지 못한 것들을 얘기해 볼까 합니다.

이렇게 해봐요!

Step1.

처음으로 엄마라고 불렸던 때를 떠올려 보세요.
눈을 감고 떠올려 봐도 좋아요.

Step2.

그때의 기분과 장소 상황까지 모두 떠올려 보세요.
그때 어떤 기분이었나요?

Step3.

우리의 기억을 강화시키기 위해 한 번 적어 볼까요?
내가 처음으로 엄마라고 불린 순간

When?(언제)

Where?(어디서)

How you feel?(어떤 기분이 들었나요?)

# 군대 애기와 맞먹는 임신 출산기

"내가 군대 있을 때 말이야, 특훈을 갔는데 다른 부대를 만나서 말이지~~ 20 대 1로 싸우다가 말이야~~"

뭐 이런 비슷한 애기를 들어본 경험은 다들 있을 것이다.

우리 주변의 남자들, 아빠, 오빠, 남동생을 비롯하여 선배, 후배, 동기 및 현재의 남편까지, 심지어 군대 면제 받은 친구도 술 마시면 꼭 군대 애기를 한다.

왜 남자들은 군대 애기를 할까?

『숨은 마흔 찾기』에서 정덕현 저자는 남자들이 군대 애기를 하는 이유를 "트라우마를 프라이드로 바꾸기 위해서"라고 한다. 군대라는 너무나 힘든 과정을 겪으며 트라우마가 생긴단다. 그리고 같은 경험을 가진 사람들과 동질감을 통해 트라우마를 포장하고 과장하는 과정에서 영웅이 된 것처럼 느낀다. 트라우마가 프라이드로 바뀌는 순간이다.

엄마들의 출산스토리도 마찬가지가 아닐까?

출산을 경험한 엄마라면 누구에게나 군대 애기와 맞먹는 파

란만장한 임신 출산기를 가지고 있다.

임신 중 고비를 안 겪어 본 여성이 없으며, 출산 과정은 뭐 쉬운가? 남자들이 군대를 10번 가도 못 따라갈 위대한 이야기들일 것이다.

누군가는 첫애 때가 힘들지 둘째, 셋째는 힘 세 번 주고 낳았다고 얘기한다. 셋째를 낳을 때, 그 얘기들이 다 뻥이라는 사실을 깨달았다. 사실, 우리가 얘기하는 "힘 세 번 주고 낳았다"는 "30킬로 군장을 하고 일주일 내내 밤새 걸었다"는 얘기와 별반 다르지 않다. 트라우마에 과장이 더해진 셈이다.

**엄마들의 임신 출산기는 대부분 입덧이라는 첫 번째 거대한 장벽부터 시작된다**

우리들의 트라우마를 살펴보자.

이른 저녁, 택시 안에서 울렁거리는 속을 다스리느라 고개를 푹 숙이고 있는, 영락없이 술에 취해 보이는 처자가 있다. 차가 흔들릴 때마다 헛구역질까지 하며 손잡이를 부여잡는 모습에 기사님은 백미러를 통해 힐끗힐끗 뒷좌석을 경계한다.

"우~~~웩. 우 웩, 우 웩"

아파트 입구에서 택시가 세워지고 화단에 오늘 먹은 음식을 쏟아붓는다.

"아니, 이 처자가 조마조마하더니만, 술 좀 작작 먹고 다녀요.

차 안에서 토했으면 어쩔 뻔했어!! 초저녁부터 저러고 다니니. 나 원 참."

머리를 절레절레 저으며 부리나케 출발하는 기사님.

"저 임신부예요. 술 마신 거 아니라구요." 울먹이며 말할 힘도 남아 있지 않다.

이런 입덧 에피소드는 기나긴 임신의 여정 중 시작에 불과하다.

입덧의 시기를 넘기면 배가 나오기 시작한다. 이때는 엄청난 식욕과 신체의 변화에 상당히 당황하게 될 것이다. 첫아이 임신 6개월 차부터 배의 살이 트기 시작했다. 둘째 때 조금씩 더 늘어나더니, 셋째까지 낳고 나니 배가 튼 살로 쭈글쭈글해져 버렸다. 아무리 살을 빼도 그 튼 살 자국이 흉터처럼 배꼽 위까지 보기 흉하게 남아 있다. 아이를 낳기 전을 생각하면 이런 신체의 변화가 얼마나 당황스러운 일인가? 몸이 힘들고 아픈 것은 둘째 치고 정신적으로 스스로의 모습을 받아들이기가 쉽지 않다.

만삭이 다가오면 내 발톱을 내가 깎을 수 없는 몸 상태가 된다. 이리 누워 자도 불편하고, 저리 누워 자도 불편하고, 깊은 잠을 잘 수도 없다. 조금만 걸어도 숨이 턱까지 차오르고 아기 위치 때문에 갈비뼈가 아프기도 한다. 우리 몸속의 장기들이 아기한테 자리를 내어 주느라고 온 힘을 쓰고 있어서 그렇다.

출산 당일 스토리는 또 어떤가? 자연분만이든 제왕절개든 모든 엄마들은 목숨을 걸고 아기를 낳는다. 첫아이 출산 때, 아프다는 느낌보다, 너무 놀랍다는 느낌이 많았다.

'아니, 어떻게 이렇게 아플 수 있지? 말도 안 돼.'

'아니, 이렇게 아픈데 저 사람들(의료진들)은 어떻게 저렇게 아무렇지도 않게 반응을 하지?'

'아니, 이 정도 고통은 정말 너무 심하지 않나? 이건 정말 믿을 수 없는 일이야.'

진통이 올 때는 아무 생각도 못하고 밀려오는 고통을 오롯이 받아들이느라 정신이 없었고, 진통이 지나가면 너무 놀라 "말도 안 돼! 말도 안 돼!" 외치다가 다음 진통을 받아냈다.

오죽 놀랐으면 그 후로 여자들을 보는 시각마저 달라졌다. 길을 걷다 여자들을 보면 '저 아주머니도 아기를 낳았단 말이지? 그 고통을 겪고?'

아이를 몇 명 데리고 다니는 어떤 엄마를 만나면, '저 엄마는 애를 셋이나 낳았네. 어떻게 그럴 수 있지? 보통 여자가 아니구나.'

심지어 길 가는 할머니를 봐도, '저 할머니도 옛날에 아이를 낳았겠지? 저 할머니도 그 고통을 겪었단 말이지?'라는 생각에 길을 가다 마주치는 모든 엄마들을 경이로이 지켜봤다. 정말로 그랬다. 그렇게 큰 고통을 겪고도 아무렇지도 않게 장을 보고, 사람들을 만나고, 아무 일 없었다는 듯이 일상을 살아내는 여자들이 그렇게 대단해 보일 수 없었다.

다행히 인간의 뇌는 망각 기능이 있어 그렇게 끔찍하던 출산의 고통을 잊고, 또 둘째·셋째를 낳게 된다. 그리고는 천연덕스럽게 일상을 살아낸다.

중요한 것은 지금 이 글을 읽고 있는 엄마도 그런 쉽지 않은 임신과 출산의 터널을 통과했다는 것이다. 다시 한 번 떠올려 보자. 그 고통이 정말 아무렇지 않게 말할 수 있는 수준의 고통이었는지.

출산의 고통이 인류가 겪을 수 있는 가장 큰 고통이라고 한다. 레벨 10의 너무나 강력한 고통도 이겨냈던 경험을 갖고 있는 것이 엄마다.

너무너무 특별하고 소중하고 자랑스럽기까지 하다.

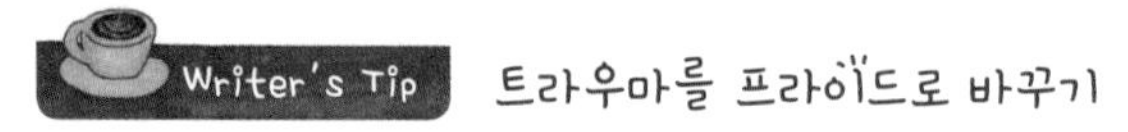


Step1. 출산 시 고통을 떠올려 보고 그때 들었던 생각을 써 보세요.

Step2. 막 출산한 자신의 모습을 떠올려보고 "잘했다, 고생했다, 대단하다" 하고 토닥토닥 해주는 상상을 해봅니다.

"나 ○○○는 이 어마어마한 출산의 고통을 이겨내고 아이를 ○명이나 출산한 대단한 대한민국의 엄마이다. 그러므로 나는 무엇이든 할 수 있다."

# 먹이고, 재우고, 입히기만 하면 될 줄 알았지?

극강의 출산 터널을 지나왔다면?

세상으로 갓 나온 새로운 생명을 손에 안고 경이로운 첫 대면을 했다면?

이제 그 고생을 했으니 아름다운 이 새 생명과 사랑하며 살 일만 남았다. 인생은 정말 멋지다. 몇 가지 장면이 떠오른다.

Scene1.

따뜻한 햇살이 비치는 주방에서 사랑하는 아이들이 예쁘게 앉아서 주스를 마신다. 날씬하고 예쁜 엄마가 프릴 달린 앞치마를 입고서 아이들과 눈을 마주치고 웃는다.

Scene2.

출산한 적이 있나 의심스러울 만큼 몸매가 좋은 엄마가 거의 다 벗은 상태로 보송보송한 이불로 중요한 몇 군데만 가리고 침대에서 아이랑 눈을 맞춘다. 아기는 생전 울어본 적 없다는 듯이 천사같은 미소를 짓고 있다. 엄마는 아이를 들어 올리며 행복하게 웃는다.

Scene3.

넓은 잔디 위에 체크무늬의 담요가 깔려 있다. 라탄으로 된 피크닉 바구니에서 과일과 차를 꺼내 펼친다. 키 크고 잘생기며 배가 하나도 안 나온 남편과 함께 아장아장 푸른 잔디 위에서 걸음마를 하는 아이가 보인다. 웨이브진 긴 머리를 넘기며 뱃살이라곤 볼 수 없는 55사이즈의 엄마가 차를 마시며 흐뭇하게 이 광경을 지켜본다.

모두 다 어디선가 본 장면이다. 또한 우리가 임신 중 상상했던 행복한 순간이기도 하다. 나와 남편, 그리고 새 식구가 된 사랑스러운 내 아이와의 행복하고 아름다운 한때, TV 광고에서 본 대로 나에게도 펼쳐질 그런 순간들이다.

하지만 엄마들은 이제 모두 알고 있다. 현실은 TV와는 아주 다르다는 사실을. 산후조리가 끝나기도 전에 엄마들은 모유수유와의 전쟁을 한다. A, B, C 컵으로 분류되며, 옷맵시를 살리는 데 도움을 주었던 신체부위는 용도가 바뀐다. 모유가 많이 나오는 가슴과 그렇지 않은 가슴으로만 분류될 뿐이다. 심지어 산후조리원에서는 모유가 많이 나오는 엄마가 모든 권력을 가진다. 젖동냥이라도 좀 하려면 권력을 가진 엄마와 친하게 지내야 한다.

모유수유가 말처럼 쉬운 일이 아니라는 것을 해보지 않은 사람은 모른다. 젖몸살*과 유두 손상*을 이겨냈다고 끝이 아니다. 2~3시간마다 깨서 젖을 찾는 아이를 달래느라 늘 잠이 모자란다. 해병대 특수훈련보다 쉽다고 아무도 말할 수 없을 것이다.

*젖몸살: 아이가 제대로 젖꼭지를 물지 못했는지 어쨌는지 어쨌거나 유방이 엄청나게 아프고 열나고 심지어 그로 인해 몸살까지 나는 현상

*유두 손상: 신생아가 이라도 났는지 엄청나게 빨아대니 유두에 상처가 나서 피가 철철 나오는데도 때 되면 모유를 물려야 한다고 시어머님께서 말씀하시는 상황

우여곡절 끝에 그나마 먹이고, 재우고, 입히기를 어느 정도 잘하게 되었다. 망각의 동물은 그 먹이고, 재우고, 입히는 것이 얼마나 힘든 일이었는지도 슬슬 기억의 저편으로 보내기 시작한다. 몸이 조금 편해지자, 갑자기 걱정이 밀려온다. 문화센터에서 만난 옆집 엄마와 방문 판매사원들과의 접촉도 시작된다. 조리원 동기들이 SNS에 올리는 전집과 찬란한 교구들의 사진은 또 어떤가?

이제부터는 내 아이의 교육과의 전쟁이 시작된다. 지금부터 정신을 똑바로 차려야 한다. 수많은 교육정보 속에서 '누가 좋다더라'는 말만 믿고 소중한 내 아이의 교육이 왔다 갔다 할 수는 없다.

교육은 '백년지대계百年之大計'라고 한다. 최소 100년의 미래

를 내다보고 교육을 설계해야 한다는 뜻이다. 즉 교육의 목표와 기준이 있어야 한다. 이것은 비단 교육정책에 대해서만 적용되는 것이 아니다. 아이 하나를 키우더라도 기준이 명확하지 않으면 갈대처럼 흔들릴 수밖에 없다.

그렇다면 그 기준은 어떻게 세워야 할까? 정권이 바뀔 때마다 널뛰듯 변화하는 교육정책에 따라 계획을 세워야 할까? 명문대에 아이를 보낸 아는 언니와 옆집 엄마의 말만 따라 하면 될까?

### 엄마의 교육 철학과 기준이 중요하다

'내 아이를 어떻게 키워야 할까?' 수없이 고민하고 '어떤 아이로 자라면 좋을까?' 생각하며 미래를 그려 봐야 한다. 엄마가 기준을 가지면 소신이 생긴다. 쉽게 흔들리지 않는다.

대부분의 엄마들이 아이 키우기에 지쳐, 막상 교육이 시작되는 시점에서 무엇을 해야 하는지 잘 모른다. 여기저기에 혹해 돈은 돈대로 쓰고, 아이는 스트레스를 받고, 엄마는 죄책감과 자괴감에 시달리는 것이 일반적이다.

그렇다면 엄마의 교육철학과 기준은 어떻게 해야 생길까? 이것은 정답이 정해져 있는 쉬운 문제가 아니다. 하지만 교육철학의 필요성을 느낀다면 반은 성공이다.

"교육철학은 교육학의 영역 중 '교육을 왜 해야 하고, 교육을 왜 받아야 하는지' 등 교육의 목적을 설명하는 영역이다. 교육철학에서는 교육의 개념이나 목적 등 교육에 관한 원리나 교육과 관련한 내용을 철학적으로 연구한다."(위키백과)

우리는 여기에서 '교육의 목적'에 집중해야 한다. 내 아이 교육의 목적은 무엇인가?

명문대 진학? 대기업 취업? 특목고 합격?

자립적인 삶? 자신만의 삶의 철학과 소신을 가진 어른?

남에게 해를 끼치지 않는 사람? 두루두루 잘 어울리는 사람?

어떤 것이든지 좋다. 하지만 충분히 오랜 시간을 두고 깊이 생각해 보길 권한다. 내 사랑하는 아이의 인생이 단지 명문대, 대기업, 특목고가 목적이 될 수는 없지 않은가?

교육철학에 대해 구체적으로 떠오르지 않는 엄마들은 나만의 교육철학 만들기 워크시트를 따라 해보자. 아이의 미래를 단계별로 상상하는 것부터 시작이다. 하지만 좀 더 먼 미래를 보는 연습부터 해야 한다.

## 나만의 교육철학 만들기

**Step1.** 내 아이가 어떤 모습으로 자라길 바라는지 상상해 볼까요?

| 내 아이의 연령대 | 해당 연도 | 어디서 무엇을 하고 있을까요? |
|---|---|---|
| 20대 | | |
| 30대 | | |
| 40대 | | |
| 50~60대 | | |
| 70~80대 | | |

**Step2.** 구체적으로 상상하기

위에서 상상한 시기 중 가장 마음에 드는 시기 하나를 골라 구체적으로 상상해 봅니다.

눈앞에서 떠올리듯이 아주 생생하고 구체적으로 상상해 보세요.

**Step3.** 미래의 내 아이가 갖추었으면 하는 자질

아까 상상한 모습에서 우리 아이는 어떤 자질을 가지고 있나요?

아래에서 해당되는 성향에 ( ) 해보세요.

| | | | | |
|---|---|---|---|---|
| 자립적 | 창의적인 | 도전하는 | 안주하는 | 열정적인 |
| 논리적인 | 철저한 | 믿을 만한 | 성실한 | 헌신적인 |
| 충실한 | 충성스러운 | 책임질 수 있는 | 공정한 | 객관적인 |
| 계획이 많은 | 도전적인 | 쾌활한 | 우호적인 | 명랑한 |
| 개방적인 | 솔직한 | 전략적인 | 과묵한 | 깊이 있는 |
| 융통성 있는 | 민감한 | 예리한 | 인내심 많은 | 직관력이 뛰어난 |
| 솔직한 | 단호한 | 조용한 | 통솔력 있는 | 사교성이 풍부한 |
| 적극적인 | 이상적인 | 비판적인 | 확고한 | 사색적인 |
| 독립적인 | | | | |

*MBTI 질문지에서 발췌.

Step4. 위에서 선택한 형용사들을 토대로 나만의 교육철학을 문장으로 만들어 보세요.

나는 ______________ 라는 삶의 목표를 바탕으로

______________________ 의 능력을 갖춘

미래형 인재를 키울 것이다.

교육관이 흔들릴 때마다 이 글을 읽으면서 마음을 다잡을 것이다.

## 영어강사 엄마의 조기교육 실패담

'영어강사 엄마도 조기교육을 실패하는구나.'

제목을 보는 순간 안도감이 일 것이다.

강사로 일하던 시절, 큰아이를 낳았다. 한창 영어에 온 나라가 들썩일 때라 내 아이만큼은 일찍부터 영어에 노출시켜 이중언어자로 만들고 말겠다는 의지로 가득했다. 친정집에 아이를 맡기고 주말마다 보러 가서는 영어로만 대화했다. 일하면서 틈틈이 영어동화책과 CD, DVD를 구매해서 주말에 아이와 함께 볼 생각에 들떠 있었다.

'유아 영어는 역시 엄마표지! 3세 이전에는 언어를 스펀지처럼 흡수한다고 하잖아? 영어에 최대한 많이 노출시켜야지. 게다가 난 영어 전문가니까. 영어 동화책을 함께 읽고, 영어 DVD를 보며 영어로 대화를 해야지. 잠잘 때도 가장 좋아하는 영어 CD를 틀어야겠지? 잠재의식에도 영향을 미치니까.'

'영어만 노출시킨다고 언어가 될까? 모국어가 바탕이 되어야 한다는 것도 이제는 상식이잖아? 그래, 한글 독서도 중요하지.'

영어강사이자 초보 엄마는 돌도 안 된 아기를 위해 어마어마한 양의 한글 책을 구입했다. 친정집은 그야말로 아기 책, 물건, 장난감, 교구들로 가득 차 있었다. 돈 벌어서 애 책만 산다는 핀잔도 감수해야 했다.

그런 노력이 결실을 이루려는지 아이가 18개월 무렵, 알파벳 대문자·소문자를 구별하고 읽기 시작하고 영어 단어도 툭툭 내뱉기 시작했다. 그 무렵 남편은 늘 영어동화책을 가지고 다니며 사람들에게 은근히 자랑하기 시작했다. 아이가 몇 가지 영어 단어 이외에 한국말은 거의 하지 않았지만, 이중언어 환경에서 잠시 오는 현상일 거라는 생각에 걱정도 하지 않았다.

그런데 이게 웬일인가?

아이는 4살이 될 때까지도 영어는 물론이고 한국말도 진전을 보이지 않았다.

그뿐 아니라 자꾸만 이상행동을 보이기 시작했다. 동그라미만 보면 "round, round, round"라고 하며 끝도 없이 손으로 동그라미를 그리기 시작하고, 하루 종일 선풍기 앞에서만 논다거나, 엘리베이터를 끝도 없이 반복해서 타려고 했다.

"어머님, 발달 검사를 한번 받아 보는 게 어떨까요?"

슬슬 걱정이 되기 시작하는 시점에 새로 등원한 어린이집 선생님의 얘기는 충격 그 자체였다. 사회성도 떨어지고 선생님과 눈도 맞추려 하지 않는다는 것이 이유였다.

"그냥 우리 애를 믿고 기다리자. 멀쩡한 애를 병원에 왜 데려가?"

"그래도 병원은 가보자. 혹시나 그런 마음으로 버티다가 치료 시기가 늦어지면 어떡할 건데?"

울면서 남편을 설득했다.

TV에서 본 유사자폐증상이랑 비슷한 것 같기도 했다. 여기저기서 보는 사람마다 내 아이에 대해 얘기하는 것 같았다. 남편 말대로 '내가 내 자식을 못 믿는 나쁜 어미인가? 병원에 가보는 것이 그렇게 나쁜 일인가?' 하는 생각에 잠을 못 이뤘다.

"정상입니다. 걱정하지 마세요. 관심을 많이 가져 주고 말을 많이 시켜 주세요."

확신에 찬 의사선생님의 말씀을 듣고 터져 나오는 눈물을 주체할 수 없었다.

"감사합니다. 감사합니다. 감사합니다."

만감이 교차하는 찰나의 순간이었다.

당장 엄마표 영어를 중단했다. 그냥 건강하게 잘 자라주는 것만으로 늘 감사한 마음이 들었다. 아이의 눈높이에 맞춰서 아이가 원하는 책만 읽어 주고 영어책과 교구는 다 치워 버렸다.

그로부터 며칠 지나지 않아, 친정엄마에게서 전화 한 통을 받았다.

"이제, 네 걱정 덜었다. 오늘부터 우리 손자 말 터졌다."

"할매, 이놈 한데이~~"를 시작으로 단어도 몇 개 말 못하던 아이가 문장으로 줄줄 말하기 시작했다는 것이다.

조기 교육이니 적기 교육이니, 뭐가 더 좋다 해도 내 아이가 신체적·정신적으로 건강한 것 이상으로 중요한 것이 무엇일까?

그때 영어를 더 시켰더라면, 끝까지 소신을 가지고 영어와 한국어 병행 교육을 했더라면 더 훌륭한 아이가 되었을까? 이 글을 쓰며 다시 그때의 기억을 떠올리는 것만으로도 감정이 북받쳐 올라온다. 단지 내 아이가 장애 없이 정상이라는 사실이 다행스러운 일이기 때문일까? 물론 신체적·정신적으로 정상(그 정상이라는 기준과 범주는 대체 누구의 기준인지 모르겠지만)이라는 것도 고마운 일이다.

하지만 가장 중요한 것은 아이의 존재 그 자체로 감사하다는 사실이다.

벌써 큰아이가 중학생이다. 평범하게 친구들과 잘 놀고, 가끔 엄마한테 버럭 지르기도 하고 동생들을 괴롭히기도 한다. 수학은 잘 못하지만 열심히 하고, 영어를 특히 좋아한다. 어렸을 때 주구장창 들려주었던 영어 동화책이 효과가 있었나 하고 속으로 생각해 본다.

그게 아니라도 어떤가? 존재 자체로 기쁨이고 행복인 아이인데.

엄마표가 잘 안 된다고, 실패했다고 해서 속상해 하거나 자괴감을 갖지 마세요.
영어강사 엄마도 실패하는 걸요. 조급증을 버리고 우리 아이들 자체에 집중해 보세요.
지금 내 아이가 건강하고 자기 나라의 언어로 제대로 의사소통 할 수 있는 것만 해도 얼마나 고마운 일입니까?
잠시, 바로 그 사실에 대해 감사하는 시간을 가져 볼까요?

## 현재 내 아이 그 존재 자체로 감사하기

돌이켜보면, 밤새 아이가 열이 올라 심장이 덜컹했던 때도 있었어요. 자꾸만 울어대는 데도 원인을 몰라 어찌할 바를 모르고 발만 동동 굴렀던 어느 밤도 있었지요. 말 못하는 갓난쟁이에게 무슨 일이 생기는 건 아닌지 잠 못 드는 날들도 있었고요. 그 모든 걱정과 불안의 밤을 지내고, 이겨내고 지금 여기에 멀쩡히 있는 아이들을 다시 한 번 바라봐 주세요.

Step1. 눈을 감고 소중한 내 아이를 떠올려 봅니다.

Step2. 가슴 깊이 그 존재를 느껴보세요.

Step3. 잘 먹고, 잘 자고, 잘 있어줘서 고맙다고 말해 봅니다.
그냥 네 존재 그 자체로 엄마는 행복하고 감사하다고 말해 봅니다.

## 유치원 졸업식장에서 눈물을 훔쳐본 적 있다면

어느 겨울날, 하필이면 쨍하게도 추운 날이다. 일을 일찍 마무리하고 부랴부랴 퇴근을 서두렀다. 친정엄마네 들러서 막내도 들쳐 업고, 둘째 손까지 잡고 친정엄마와 함께 유치원에 도착했다. 조금 늦었는지 유치원 강당은 발 디딜 틈이 없이 엄마 아빠들, 할아버지 할머니와 동생들로 가득 차 있다. 분위기를 파악하려고 앞줄부터 쭉 훑어보니 동네 열성 엄마들은 자체 제작했는지, 외주에 맡겼는지 모를 피켓과 꽃다발, 심지어 선물까지 들고 응원에 열심이다.

"우유 빛깔 이○○", "우리 ○○이가 최고야♥", "유치원에서 ○○가 짱이야"

위트가 넘치는 알록달록한 피켓을 보니 주눅이 들었다.

'저런 게 유행인 줄 알았으면 인터넷으로 미리 주문이라도 할 걸.'

미리 알았던들 준비했을 리 만무하지만 괜한 자책도 해본다. 얼른 자리를 잡고 아직도 퇴근 전인 남편에게 전화를 했다.

"첫애 유치원 졸업식에도 늦으면 어떡해? 안 오기만 해봐라

~." 오늘의 주눅 든 속상한 마음을 남편에게 다 풀 요량이다.

드디어 유치원 졸업발표회가 시작되었다. 몇 달 동안 준비했다고 하던데, 어리숙한 첫아이가 제대로 해낼지 기다리는 내내 심장이 두근두근 한다. 한창을 칭얼대던 막내는 다행히 잠이 들었다.

준비한 식순대로 진행이 되고 드디어 첫아이가 준비한 댄스 공연 차례가 되었다. 체면불구하고 군중을 뒤집고 최대한 앞으로 가서 카메라 대기 각을 세웠다. 자, 드디어 나온다.

마음속으로 음악을 따라 부른다. 혹시 실수하거나 넘어지지는 않을까 조마조마한 심정이다. 동영상 녹화를 놓칠 새라 카메라를 부여잡고 진땀을 흘렸다. 어느새 공연이 끝이 났다. 인사하고 들어가는 모습을 보니 왠지 대견하고, 왠지 짠한 마음에 주책없이 눈물이 났다. 슬그머니 눈물을 훔치고 자리로 돌아와서도 여전히 심장이 쿵쾅쿵쾅 울렸다.

'실수 안 했어. 넘어지지도 않았어. 다른 아이들한테 치이지도 않았구. 잘했어. 정말 잘했어.'

늦게라도 와준 남편 얼굴을 보자마자 눈물이 쏟아졌다. 첫아이의 유치원 졸업식 때의 일이었다.

그날 이후로 벌써 두 번의 유치원 졸업식에 세 번의 초등학교 입학식을 겪었다. 하지만 그날의 그 감동은 다시 느낄 수 없을 것 같다. 유치원 졸업식이 뭐라고, 그 조그마하던 아이가 씩씩하게 홀로서기 하는 모습이 그렇게 벅찰 수가 없었다. 첫사랑이 그렇듯, 첫아이를 키우는 일은 그와 함께하는 모든 경험이 특별하고 설렐 수밖에 없다.

어린이집 발표회 행사든, 유치원 졸업식이든, 학교 입학식이든, 사회의 일원으로 내 아이가 당당하게 섞여 있는 모습에 그만 울컥한 기억이 다들 있을 것이다. 유치원 졸업하는 7살, 만으로 치면 태어난 지 5~6년밖에 안 된 아가들이 말도 잘하고, 글도 읽고 쓸 줄 알고, 심지어 저렇게 연습해서 군무까지 출 수 있다니. 얼마나 예쁜가? 다시 떠올려 보자. 그때 녹화해 두었던 동영상을 다시 찾아봐도 좋다(그렇게 울면서 호들갑을 떨어 놓고 동영상은 어디다 뒀는지 원).

아이가 조그만 하나를 성취했을 때 함께 뿌듯했던 기억이 있을 것이다. 이상한 그림을 그려 와서는 진지하게 설명할 때도 우리는 웃음이 나오려는 걸 꾹 참고 "우와! 진짜? 정말 멋지다"라고 했다.

"자존감은 자기 자신의 고유한 가치에 관심을 갖는다. 남들과 비교하여 우월감을 갖는다거나 열등감을 갖지 않는다. 자신을 있는 그대로 인정할 줄 알고, 있는 그대로 자기 모습을 사랑할 줄 아는 정서이다.

자신의 장점을 자랑스러워하는 것처럼, 자신의 단점은 부끄러워할 줄 알고 그것을 흔쾌히 극복하려는 노력도 할 줄 안다. 항상 긍정적이고, '최고'가 아니더라도 당당하게 행동한다.

반면 자존심이 높은 사람은 '실패'하면 좌절하고, 그 실패의 원인을 다른 사람의 탓으로 돌리고 싶어 한다. 자존감이 높은 사람은 '실패'를 경험했더라도 솔직히 인정하고 받아들인다. 또한 자존심이 강한 사람은 자신보다 능력이 없거나 실패한 사람을 무시하지만, 자존감이 높은 사람은 존중할 줄 안다.

그렇기 때문에 우리는 내 아이를 자존심이 강한 아이가 아니라 자존감이 높은 아이로 키우려고 노력해야 한다."

(『아이의 자존감』, 정지은·김민태 지음, 지식채널)

자존감 있는 아이로 키우기 위해서는 아이의 존재 자체를 인정하고 소중히 하는 것이 우선이다.

아이가 이제 10살이 되었다고, 중학생이 되었다고 뿌듯해하고 대견해하던 그 마음을 줄이지 말자. 유치원 졸업식장에서 무사히 졸업한 바로 그 아이이다. 이미 산타클로스를 믿지 않는 아이로 성장한 우리의 아이들이지만, 사실은 더 큰 사회에서 더 많은 사람들과 부딪히며 혼자 서기를 연습하고 있는 중이다. 계속 응원해 주자. 매번 더 어렵고 힘들지만 잘 헤쳐나가고 있는 사랑스런 아이에게 "여전히 이 엄마는 네가 하는 모든 것이 자랑스럽고 대견하단다."라고 말하자.

누구에게나 초보 엄마시절이 있어요. 둘째, 셋째 엄마가 되었다고 해서 초보 엄마를 벗어나진 않아요.
모든 아이가 다 다르고 그 아이들을 키우는 것은 처음이니 매번 초보 엄마인 게지요.
둘째는 밤잠을 잘 잤어요. 셋째는 세상 까칠했고요. 각각의 아이들에게 저는 늘 부족한 초보 엄마였습니다.
아예 처음부터 인정하면 어떨까요?
어차피 애를 100명을 낳아도 100번의 초보 육아가 시작된다면 그냥 쿨 하게 "그래, 나 초보다~" 인정하고 초보 티를 팍팍 내고 실수하고 깨지고 부딪히며 그렇게 아이들과 함께 성장하자구요.
뭐 뾰족한 수 있나요?

**Step1.** 아이가 대견하다고 느껴졌던 때를 기억해 보세요.

아주 작고 사소한 일에 폭풍 칭찬도 하고 정말 가슴 뿌듯했던 그 시점을 떠올려 보세요.

**Step2.** 지금 현재 아이의 모습을 떠올려 보세요.

현재 아이의 대견한 점을 찾아보세요.

○○야, 네가 ○○○○○한 것 정말 대견해.

**Step3.** 꼭 오늘 밤 잠들기 전에 아이에게 얘기해 주세요.

우리 아이가 중학생이더라도 고등학생이더라도 꼭 말해 주세요.

# 아이 책에서 엄마 책으로

“아이들에게 책 읽히지 마세요.”

만약 이런 말을 듣는다면 어떨까? 대부분의 엄마들은 독서의 중요성에 대해서 충분히 알고 있다. 교육·육아 분야 전문가들은 물론이고 여기저기서 어릴 때부터 독서 습관을 들이는 것이 중요하다고 한다. 우리는 잘 알고 있다.

돌도 안 된 아기를 위해 남편과 싸워가며 큰돈을 들여 전집을 구매해 본 경험이 다들 있을 것이다. 물론 물려받기나 도서관을 이용하는 알찬 엄마들도 많다. 어쨌든 모두가 아이 독서의 중요성에는 이의가 없을 것이다.

나도 마찬가지였다. 말도 못하는 아이를 위해 수백만 원짜리 전집을 들여놓고는 뭔가 뿌듯한 느낌이 들었다. 풍부한 독서로 내 아이가 똑똑해지는 상상을 하면 매달 나가는 할부금이 아깝지 않았다. 옷이나 장난감을 사는 것과는 다르게 왠지 미래를 위해 투자하는, 한 발 앞서가는 지적인 부모라는 생각에 우월감이 들기도 했다.

아이에게는 독서하는 습관을 들이려고 수백만 원을 쉽게 쓰면서도 나를 위해, 나의 인생과 나의 독서습관을 위해서는 만 원짜리 한 장 투자해 본 적이 없었다.

아이에게 좋은 전집을 고르려고 육아 카페와 동호회를 기웃거리다 보면 엄마 책도 몇 권 추천을 받게 된다. 아이 전집 값의 1/100 밖에 안 되지만 왠지 돈 주고 사면 아까운 느낌이 든다. 몇 번 가고 말 것을 알면서도 기어이 도서관 카드를 만들어 대출신청을 해본다. 자식을 위해 도서관에서 책까지 대출받다니. 1일 최대 대출 권수 5권을 옆구리에 끼고 나오면서 왠지 스스로에게 뿌듯해진다. 그리고는 대출 기한을 넘길 때까지 한 번 펼쳐보지도 않는다. 그럼에도 육아 카페 가입 시에 취미를 적는 란에는 뻔뻔하게도 '독서'라고 적었다.

"인문 고전은 인류의 역사를 새로 쓴 진정한 천재들이 자신의 모든 정수를 담아 놓은 책이다. 아인슈타인, 레오나르도 다빈치, 존 스튜어트 밀의 사례에서 볼 수 있듯이 그 정수를 완벽하게 소화하면 누구나 다음 세 가지 중 하나를 경험할 수 있다.

1. 바보 또는 바보에 준하는 두뇌가 서서히 천재의 두뇌로 바뀌기 시작한다.

2. 그동안 억눌려 있던 천재성이 빛을 발하기 시작한다.

3. 평범한 생각밖에 할 줄 모르던 두뇌가 천재적인 사고를 하기 시작한다."

이지성 작가의 『리딩으로 리드하라』에 나온 문구이다. 인문고전 독서를 제대로 하면 아이가 천재가 된다고 한다.

"유대인 가정의 거실에는 대부분 텔레비전이 없다. 그 대신 책이 가득 들어찬 책장, 앉아서 책을 읽고 토론할 수 있는 책상과 의자가 있다."

『부모라면 유대인처럼』의 고재학 저자는 유대인의 자녀교육법의 기본이 독서임을 강조했다.

독서의 중요성이 담긴 문구를 일일이 찾아서 옮기기에는 지면이 부족하다. 하지만 왜 아이만 독서를 해야 한다고 생각했을까?

『푸름이 이렇게 영재로 키웠다』(최희수 지음)

『당신의 아이는 원래 천재였다』(이지성 지음)

아이 책을 검색하다가 우연히 저런 제목의 책을 보게 되었다. 마치 이 책을 다 읽고 나면 무한경쟁시대에서 독보적인 아이로 키울 지성의 기반을 다져줄 수 있을 것만 같았다. 시작은 그랬다.

아이를 위해, 잘 키우고 싶어서 나도 책을 보기 시작했다.

지금 다시 읽어보면, 동의할 수 없는 부분들이 분명히 있다. 초보 엄마 때 거름 장치 없이 무조건 받아들였던 내용도 이제는 기준이 생겼고 반박할 만한 나만의 주장도 있다. 하지만 저 제목으로 엄마 독서가 시작됐다는 것을 부인할 수 없다.

아이 책이 늘어날수록 엄마 책도 늘어났다. 책 한 권을 통해 비법을 얻으려고 시작되었던 엄마 독서는 꼬리에 꼬리를 무는 독서를 불렀다. 책을 읽고 관련 부분에 대한 호기심이 더 생겼다. 어떤 책에서 인용된 다른 책도 궁금해졌다. 육아 독서에서 시작해서 엄마 독서는 자꾸만 확장되어 갔다. 아이의 관심사에 따라 책 읽기가 깊어지고 확장되는 것처럼 독서는 또 다른 독서를 불렀다.

아이 책을 고르면서 엄마 책도 한 권씩 쓱 골라보자.

"아이는 자신의 발달 과정을 잘 격려하고 방해하지 않는 부모의 태도를 통해 '나는 정말 소중한 존재구나' 하고 느끼게 되는 것이다. 아이만 성장하고 엄마는 계속 제자리에 있으면 아이는 자신이 존중 받지 못하고 있다는 확신을 가지게 된다. 아이의 자존감을 키워주고 싶다면, 아이의 성장 속도에 맞춰서 부모의 역할 역시 성장하고 발전해야 한다."

(『아이의 자존감』, 정지은·김민태 지음, 지식채널)

아이 독서만큼 엄마 독서도 중요하다. 이제는 엄마 책을 고를 때이다.

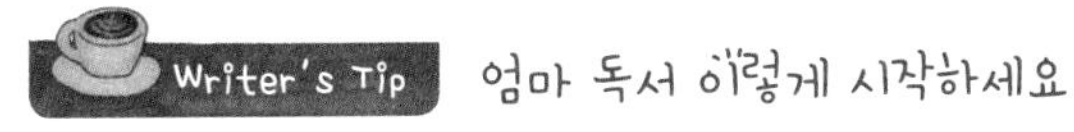


엄마 독서 이렇게 시작하세요

Step1. 지금 현재 가장 궁금하고 필요한 내용의 독서부터 시작하세요.

운동이나 다이어트, 육아법 등 관심 분야와 관련된 책을 검색해서 1~2권 이끌리는 대로 구입해서 읽어 봅니다.

내가 지금 가장 관심 가지는 분야는?

내 관심 분야의 베스트셀러, 혹은 이슈가 되고 있는 책은?

Step2. 관심 분야를 좀 더 전문적으로 파고들거나, 영역을 확장해 보세요.

ex) 다이어트와 운동에 관심 있어서 운동법과 다이어트 레시피 책을 읽었다면 영양학과 관련된 책, 운동, 신체에 관한 책 등 영역을 확장해 봅니다.

내 관심 분야에서 더 깊이 알고 싶은 부분은 무엇인가요?

내 관심 분야와 연관되어 있거나 그로 인해 더 알고 싶은 다른 영역은 무엇인가요?

Step3. 이것도 저것도 모르겠다면 그냥 '이거라면 재미있게 읽겠다' 싶은 책을 선택해서 책의 재미에 빠져 보세요.

2장

Me, Again!

# 엄마, 공부를 시작하다

## 워킹맘도 전업맘도 바로 지금 행복해지기

산부인과에서 처음으로 '엄마'라고 불렸던 그날 이후로 13년 이상을 엄마로 살아왔다. 그중에 6개월을 빼고는 모두 다 일하는 엄마였다. 둘째 아이를 임신하고 다니던 어학원에 사표를 냈다. 입덧을 핑계로 그만두려고 한 것인데 새로운 사람을 구하고 인수인계하는 사이에 어느새 입덧은 끝나 있었다.

시원섭섭한 마음을 뒤로 책상을 물리고 집으로 왔다. 내 책상에 누군가 다른 사람이 앉아 있다는 것이 잘 상상이 되지 않았다.

'내 인생에 언제 이렇게 쉴 수 있는 기회가 오겠어. 전업 주부로서의 삶을 살아보는 거야.'

나를 대신해주던 직함과 직업이라는 간판을 내리고 온전히 나로서의 삶을 살아보는 것도 나쁘지 않을 듯싶었다. '지금껏 맞벌이하느라 해보지 못했던 것들을 하고 누리고 살아야지' 하고 포부도 당당했다.

경력 단절이 불안하지 않다면 거짓말이다. 당장 수입도 줄어

든다.

'적게 벌면 적게 쓰면 되지. 애 낳고 일은 금방 다시 시작할 수 있을 거야.'

대책 없는 긍정적인 마인드로 불안감을 잠시 덮어두고 전업주부의 일상이 시작되었다.

To do list!

1. 남편 아침밥 챙겨주기
2. 식단 잘 챙겨서 큰아이 살찌우기
   (건강한 간식 만들어 주기)
3. 아이랑 더 많이 놀아주고 영어 동화책 읽어주기
4. 태교 제대로 하기

야심차게 몇 가지 적고 나니 더 이상 리스트에 채울 것이 없어졌다.

"난 그냥 회사 가서 아침 먹을게. 자기도 힘들고 그게 맞는 것 같아."

3일째 아침으로 레시피를 보고 끓인 황태해장국을 먹고 숟가락을 놓으면서 남편이 말했다. 전업주부가 된 지 불과 며칠 만에 난 1번과 2번에 소질이 없다는 것을 알게 되었다. 부끄러운 이야기지만 나의 현모양처 플랜은 3일 천하로 막을 내렸다.

그나마 3번은 적성을 살려 그런대로 명맥을 유지했다. 하지만 하루 종일 일하러 간 남편을 기다리고 4살배기 아이랑 혼자서 씨름하는 것은 내 생각만큼 아름답지 않았다. 일상이 슬슬 지루해지고 외로움을 느끼기 시작할 때 였다.

"안녕하세요. 어머, 같은 어린이집이네요. 애가 몇 살인가요?"

새로 이사를 간 아파트에서 어린이집 버스를 기다리던 중 또래 엄마들을 만나게 되었다.

'그래, 바로 이거야!' 가히 새로운 세상이었다.

우리는 어린이집 차를 보내자마자 만났다. 아이 키우는 얘기, 시댁 얘기, 친정 얘기. 새로운 사람들을 만나서 서로를 알아가는 과정은 마치 첫 연애를 하듯 설렜다. 게다가 모두 다 아이를 낳고 키운다는 공통점을 가지고 있지 않는가? 놀랍게도 우리 중 셋은 둘째를 임신 중이었다. 매일 만나 커피를 마시고 돌아가면서 집밥을 해먹기도 하고 맛집을 찾아가며 점심을 즐기기도 했다.

남편이 없으면 꼼짝도 못하고 혼자 집에서만 보냈는데, 언니 동생들과 가까운 곳으로 소풍도 갔고 남편이 일하는 주말에도 만났다. 하나도 외롭지 않았다. 육아 정보도 교환하고 내 경력을 살려서 영어교육에 대한 상담도 해주며 시간가는 줄 몰랐다.

하지만 모든 익숙한 것들은 지겨워진다. 주부 놀이에 익숙해질 만하니 슬슬 권태감이 느껴졌다. 경력 단절에 대한 불안감도 밀려왔다. 이렇게 맘 편하게 놀기만 해서 될까. 내가 정체되어 있는 느낌이다.

"어, 이거 뭐지? 카드 값이 왜 이렇게 많이 나왔어?"

엄마들과의 브런치 타임이 시들해질 무렵, 퇴사 후 첫 번째 카드명세서를 받았다. 일하느라 못했던 쇼핑도 몇 번 했고, 살림살이에 꼭 필요한 도구들도 샀다. 돌아가면서 점심값을 냈고 남편 옷도 한두 벌 샀다. 세일하는 데에서만 샀고 남들 다 가지고 있는 꼭 필요한 것들만 사려고 노력했다. 나를 치장하는 데 쓴 건 하나도 없었다.

"뭐, 별로 산 것도 없는데, 왜 이렇지?"

나름대로 변명거리를 찾다가 스스로 멈칫했다. 남편에게 미안한 마음도 들었고, 동시에 내가 이제 돈 안 번다고 이러나 하는 자격지심이 올라왔다.

"꼭 필요한 것만 샀어. 그리고 이달에 퇴직금 나오니까 걱정 마!"

남편에게 쏘아붙이고는 뜨끔했다. 생각해 보니 한 달 동안 정신없이 놀았다. 가계를 살필 여력도 없이 갑자기 풍족해진 시간을 물질과 수다로 채우는 데 바빴다. 정신이 번뜩 들었다.

'전업주부가 쉬운 게 아니구나. 이러다 큰일이 나겠다.'

직장에 다닐 때는 일만 잘하면 됐다. 살림을 못해도 요리를 못해도 생활비가 얼마 나가는지 계산하지 않아도 큰 문제가 없었다. 넘쳐나는 시간을 즐기기만 하면 되는 게 주부의 역할이 아니었다. 그제야 다른 엄마들이 눈에 들어왔다.

초보 전업 맘인 나와는 다르게 그들은 나름대로 시간과 돈을 쓰는 기준이 있었다. 갑작스럽게 주어진 시간을 어떻게 써야 할지 몰라 여기저기 휩쓸려 다닌 내 모습과는 확실히 달랐다.

'아이와 함께 보낼 시간이 부족해. 일을 그만두면 남편도 더 잘 챙길 수 있을 텐데.'

'둘이 벌어도 아이 양육비 쓰고 나면 남는 것도 없어. 취미생활도 못하고 스트레스 때문에 태교도 못하겠어, 교육 정보가 부족해. 애들 행사에 시간을 낼 수가 없어.'

이런 이유들로 전업 맘을 선택했다.

'역시, 외벌이 하니 생활비가 부족하네. 나도 한때 직장에서 잘나갔는데. 남편 눈치 보면서 집안일 하고 육아하기 힘들어.'

이런 이유들로 다시 불안해졌다.

직장 맘이었던 나는 부족한 엄마였고, 전업 맘이었던 나는 나약한 엄마였다. 아이를 키우는 일은 전쟁터에서 요리조리 총알을 피해 도망 다니는 것이기도 했고, 혼자서 세상과 싸우는 것이기도 했다.

내가 현재 처한 상황을 바꾸면 문제가 해결되고 행복해질 줄 알았다. 하지만 상황을 바꾸니 문제만 달라질 뿐이었다.

"대부분의 사람들은 마음먹기에 따라 행복할 수 있다."

에이브러햄 링컨의 말이다.

"행복은 순전히 내적인 태도이며, 환경과는 상관없이 개인의 행동에 의해 개발되는 개념, 생각, 그리고 태도에 의해 형성된다."

저명한 심리학자 매튜 채펠Matthew N. Chappell 박사의 말이다

현재 내가 처한 상황을 바꿀 수 없을 때 우리는 '난 아무것도 할 수 없어'라는 무기력감을 느낀다. 육아를 하는 엄마들은 복합적인 상황에 놓이기 쉬워 무기력감을 느끼는 경우가 더 많다. 책에서 읽은 대로 행복은 마음먹기 나름이라고 마음을 바꿔 먹으려 하지만 쉽지 않다. 환경을 탓하는 것도 우리의 습관이기 때문이다.

"성인聖人을 제외하고는 그 누구도 항상 100퍼센트 행복할 수는 없다. 그리고 버나드 쇼George Bernard Shaw가 빈정거린 것처럼 우리가 항상 행복하다면 아마 비참해졌을지도 모를 일이다. 그러나 마음먹기에 따라 간단하게 결단을 내림으로써 우리를 불행하게 만드는 일상생활의 수많은 사건과 주변

상황에서 벗어나 행복하고 즐거운 생각을 하면서 지낼 수 있다."(맥스웰 몰츠, 『성공의 법칙』)

직장 맘이든 전업 맘이든 바로 지금에 만족해야 행복해질 수 있다. 정답도 없고, 매뉴얼도 없다. 이 사람 말이 맞는 것 같기도 하고, 저 사람이 쓴 책대로 해야 될 것 같기도 하고, 할머니도 간섭하고, 옆집 아는 엄마도 간섭하는 것이 아이를 키우는 일이다. 직장 맘은 그저 불안하고, 전업 맘도 자신 없다.

울고, 마음 졸이고, 이렇게 했다가, 저렇게 했다가, 우왕좌왕하다 보면 어느새 아이는 자라 있을 것이다. 어차피 이래도 힘들고 저래도 힘들면, 상황을 바꾸려고 하지 말고 현재를 받아들여야 한다.

"피할 수 없다면 즐겨라"라는 말을 지금 실천해야 할 때다.

지금 현재 상태를 즐기자.

나 혼자 종종대며 키운 줄 알았는데, 바람과 공기와 햇살이 함께 아이를 키웠습니다.

육아서와 옆집 엄마의 오지랖으로 키운 줄 알았는데, 가족들의 믿음과 사랑이 아이를 키웠습니다.

학습지와 영어 동화책이 키운 줄 알았는데, 스스로 자연히 커주었습니다.

직장 맘이든 전업 맘이든 지금 현재의 자리에서 바로 행복해지는 방법

Step1. 지금 현재 처한 상황에서 할 수 없는 일보다 할 수 있는 일에 집중해 봅니다.

1. 현재 자신이 처한 상황

2. 현재 내 상황이기에 할 수 있는 일

Step2.

"나는 내가 할 수 없는 일에 연연하지 않고, 내가 할 수 있는 일만 생각하며 현재에 집중한다."
소리 내어 말해 봅니다. 한 번 적어 봐도 좋습니다.

# 얼떨결에 어학원장이 되다

(자영업의 구렁텅이에 빠지다)

둘째가 생후 100일쯤 되자 아이를 돌보는 일이 얼마나 힘든 것인지 진정으로 알게 됐다. 출산 후 1개월은 몸조리와 신생아 돌보기에 집중했고, 엄마들과의 회동도 잠시 주춤한 상태였다. 하루 종일 신생아랑 씨름하다 첫째가 어린이집에서 돌아오면 혼자서 두 아이를 감당해야 했다. 둘째를 안고 분유를 먹일 때마다 첫아이가 자꾸만 파고들어 둘을 달래가며 돌보느라 초보 엄마는 정신이 없었다. 밤에 잠자는 것도 쉽지 않았고 무엇보다 내 시간을 가질 수 없는 점이 힘들었다.

큰아이가 열이 나서 어린이집을 못 가게 되기라도 하면 그날 하루는 전쟁이다. 두 아이를 오가며 먹이고 재우고 돌보는 일은 출산 시 고통만큼이나 놀라운 강도의 노동이었다. 아이들을 돌보며 정신없이 하루하루를 보내다 보면 며칠 동안 머리도 못 감는 것은 예사다. 늘어난 티셔츠에 애 밥 먹이다 떨어진 반찬 국물 얼룩을 인식하는 순간 우울감에 빠진다.

'내가 이러려고 애를 낳았나.'

'나도 한때 잘나갔는데.'

자존감이 떨어지는 순간이다.

하루빨리 일하고 싶었다. 일터로 돌아가는 것만이 살길 같았다.

"엄마한테 잠시 둘째 맡기고 일 알아봐. 공부방을 하던지."

딸의 우울증을 눈치 챈 친정어머니가 먼저 제안해 주셨다. 젊은 나도 애 보기가 어려운데 연세 드신 엄마는 더 힘들 텐데. 하지만 찰나의 망설임이나 사양도 없이 뒤도 안 돌아보고 도망치듯 애를 맡겼다.

한 달 정도 준비기간을 거친 후 공부방을 시작했다. 월급 받고 일하다가 스스로 무언가를 시작한다는 것은 두려운 일이다. '애들은 충분히 모을 수 있을까?', '혼자서 잘할 수 있을까?', '그래도 아이를 돌보면서 일하려면 이 길밖에는 없겠지?'

나 자신을 의심했다가, 설득했다가 격려해 가며 용기를 냈다.

큰애가 어린이집에서 돌아오기 전까지 4시간 정도 수업을 할 수 있었다. 수입도 나쁘지 않았다. 공부방이 안정되자, '별거 아니네. 진작 시작할 걸.' 하는 자만심도 생겼다.

엄마들 입소문을 타고 수업이 꽉 차자 아이들 학습 관리와 상담할 시간이 부족해졌다. 계절은 금방 바뀌고 해가 짧아지자, 큰아이가 다니던 어린이집은 일찍 문을 닫았다. 다른 엄마들이 모두 전업주부라 4시만 되면 아이를 데려간다고 한다. 6시에 아이를 데리러 가면 어린이집 선생님들 퇴근시간이 더 늦어지기에 아예 선생님이 퇴근길에 아이를 태워 우리집 앞에서 기다리기 시작했다.

차 안에서 기다릴 아이를 생각하니 맘이 졸아든다. 그렇다고 공부하려는 학생들을 쫓아낼 수도 없다. 발을 동동 구르다 10~20분 늦게 내려가면 어두운 아파트 마당에 어린이집 차량이 기다리고 있다.

"선생님, 죄송합니다. 많이 기다리셨죠?"

"어머님, 자꾸만 늦어지시는 거 같아 저희도 힘듭니다."

깜깜한 아파트 입구에서 4살배기를 받아 챙기며, 선생님께 연신 굽실거리는 것이 몇 주간 지속되었다. 이런 게 일하는 엄마의 고충이구나 싶었다.

오전에는 큰아이를 챙겨서 어린이집에 보내고 집안청소, 수업준비, 학부모 상담, 신규학생 상담 등 밀린 업무를 정신없이 해치운다. 아이가 돌아오면 급하게 준비해 저녁을 먹인다. 그 시간에 학부모 상담도 하고, 학생들 레벨테스트도 진행한다.

이렇게 아이 엄마 노릇과 직업인으로서의 커리어를 한 공간에서 동시에 진행하는 것은 나의 정체성에 혼란을 주었다. 신규 상담을 하는데 큰아이가 칭얼거릴 때면 도무지 어찌해야 할 바를 몰랐다.

지쳐서 그만두고 싶은 마음이 턱까지 차오른 시점에 남편과 머리를 맞댔다.

"이건 암만 생각해도 너무 힘든 것 같아. 집이랑 교습공간이랑 분리도 안 되고, 애도 돌보기 힘들고, 둘째도 곧 데려와야 할 텐데. 이건 아닌 것 같아."

"그래도 지금 그만두기에는 아깝지 않아?"

"지금 수업 대기하는 친구들도 많으니까 강사를 구해서 학원을 차리면 어떨까? 원어민 선생님도 필요하고, 차량도 필요하니 부모님을 모시고 와서 여기서 같이 살면, 애들도 매일 볼 수 있고."

학원을 차리면 내 시간이 더 생길 거라는 생각은 초보의 낙천적인 착각이었다.

무엇보다 미리 계획했던 일이 아니었다.

자신도 없고 무엇보다 자본이 없었다. 하지만 내 일의 전문성을 유지하고 아이들도 가까이서 보려면 그 방법밖에 없다고 생각했다.

내가 해오던 일이었고 그 일을 그저 확장해서 학원을 차린다는 것은 어쩌면 당연하게 생각하는 수순이다. 특히 교육사업은 진입장벽이 낮아 엄마들이 가장 만만하게 시작할 수 있는 업종이다. 하지만 사업을 유지하기는 그렇게 쉬운 일이 아니었다.

"2016년 자영업 폐업률은 전년 대비 10.2%포인트 높은

87.9%로 역대 최고치를 기록했다. 국세청 국세 통계에 따르면 도·소매업과 음식, 숙박업 등 자영업 4대 업종은 2016년 48만3,985개가 새로 생기고, 42만5,203개가 문을 닫았다. 10개가 문을 열면 8.8개는 망했다는 얘기다."

(한국경제신문, 2018. 07. 21)

월급쟁이로 살다가 어느 날 자신이 잘하던 일을 선택해서 자영업을 시작한다. 남들은 다 실패해도 나는 성공할 것이라는 생각만으로는 현상유지도 힘들다. 학원업도 다르지 않다. 대부분 학원 강사를 하거나 집에서 투자금 없이 시작한 공부방 경험만으로 잘될 거라는 막연한 기대감을 갖고 시작한다.

자영업도 그 분야의 충분한 경험과 사업가 마인드가 필요하다. 대부분의 사람들이 나처럼 경력만을 믿고 사업을 시작한다. 하지만 그것을 장기적으로 유지하기 위해서는 피를 토하는 노력과 자기계발이 필요함을 그때는 모른다.

『부자아빠, 가난한 아빠』의 저자 로버트 기요사키는 『왜 A학생은 C학생 밑에서 일하게 되는가, 그리고 왜 B학생은 공무원이 되는가』라는 책에서 경제활동을 다음과 같이 4가지로 분류했다.

현금흐름 4분면

| E (Employee)<br>봉급생활자 | B (Big business)<br>사업가 |
| --- | --- |
| S (Self-employed)<br>자영업자 및 전문직 종사자 | I (Investor)<br>투자가 |

자영업자와 전문직 종사자를 같은 부류로 분류했다. 영어 원본을 보면 'Self-employed', 즉 '스스로를 고용하는 자'라는 뜻이다. 이 단어 하나가 자영업자를 아주 잘 설명한다. 누군가를 고용해서 일을 시키는 것이 아니라 자신이 스스로 고용 대상이 되는 것이다.

우리나라 자영업자들이 가장 많이 한다는 치킨집을 떠올려 보면 쉽다. 치킨집 사장님은 직접 닭을 튀기거나 배달을 한다. 물론 점원이나 배달원, 주방 직원을 둘 수도 있지만 매일 출근해서 직접 관련업을 한다는 것만으로 스스로 고용되었다고 볼 수 있다.

내가 시작한 학원뿐 아니라 전문직 종사자인 의사도 마찬가지다. 전문직이란 좋은 직업군이 대부분이고 소득도 높지만 스스로 고용을 선택했을 뿐 봉급생활자와 크게 다르지 않다. 엄마들이 아이들의 미래 직업으로 선호하는 전문직도 결국 "스스로 고용하는 자"인 것이다.

> "4분면의 문제점은 사업을 실제로 소유하지 못한다는 것이다. 당신이 가진 것은 '일자리'이다. 따라서 일을 그만두면 수입도 중단된다. 이는 곧 '사업'을 운영하는 것이 아니라 그저 '일하느라 바쁜 삶'을 살고 있음을 의미한다."
>
> (로버트 기요사키, 위의 책)

2010년 2월,
나는 그렇게 자영업자의 구렁으로 풍덩 뛰어들었다.

자영업자와 사업가의 차이를 떠올리며 생각해 보세요

Step1. 어떤 영역이 나에게 맞고, 내가 원하는 영역인가?

Step2. 나는 혹은 내 배우자는 어느 4분면에 속해 있는가?

Step3. 내 아이는 어느 4분면에 속하면 좋을까?

| E (Employee)<br>봉급생활자 | B (Big business)<br>사업가 |
| --- | --- |
| S (Self-employed)<br>자영업자 및 전문직 종사자 | I (Investor)<br>투자가 |

# 원장 하면 멋있는 줄만 알았는데

학원장은 출근해서 직원들에게 업무 지시하고 학부모 상담하고 저녁 먹고 우아하게 퇴근하는 사람이다. 내가 봉급생활자로 있을 때 본 학원장의 모습이다.

**초보 학원장의 하루 일과**

AM 9:00　아이를 어린이집에 보내고 출근한다.

AM 10:00　학원 청소를 대략 마치고 컴퓨터를 켠다.

PM 12:00　오늘 수업의 lesson plan을 짜고 미뤄둔 학부모 상담을 한다.

PM 13:00　허겁지겁 김밥으로 점심을 떼우니 선생님들이 출근한다.

PM 14:00~19:00　내 반의 수업을 한다.
중간에 한 번 차량운행을 한다.
신규 상담을 진행한다.

PM 20:00~22:00　강사수업 피드백 및 학부모 상담을 한다.

PM 22:00~24:00　강사교육, 차량 스케줄 관리, 수납업무 정리, 홍보계획 짜기

몸 좀 편해지고자 우아한 사장의 길을 선택했다. 하지만 닥친 현실은 밤낮 없고 눈코 뜰 새 없는 자영업자의 삶이었다.

청소부가 되었다가, 수업 준비며 수업을 진행하는 강사가 되었다가, 차량 운행을 위해 나갈 때는 기사가 된다. 신규 학생 상담을 하는 실장 역할도 하고, 수강료 수납하는 경리도 되어야 한다. 대체 언제 '원장일'이란 걸 하는지 의심스러운 하루하루였다.

이렇게라도 큰 문제없이 지나가면 그나마 다행이다. 힘들게 뽑은 강사들은 툭하면 "원장님, 드릴 말씀이 있습니다." 하고는 그만두기가 일쑤였다. 새로운 사람을 뽑을 시간을 주면 그나마 다행이다. 아무 연락도 없이 결근하고 카톡으로 퇴사하겠고 통보하는 강사도 있었다.

학부모 상담도 쉬운 일이 아니었다.

"원장님, 우리 애가 어디가 모자라서 ○○보다 레벨이 낮은 건가요?"

"레벨 높은 반에 넣어주지 않으면 더 이상 보내지 않겠어요."

당시에는 안절부절못하고 학부모에게 딸려 가서 반을 쉽게 바꿔주었다. 학부모들끼리 반 문제로 싸워서 둘 다 그만두기도 했다.

이런 일이 닥칠 때마다 어떻게 해결해야 할지를 모르는 것이 문제였다. 교수부장 시절에는 원장님에게 물어보거나 해결을 맡기면 됐었다. 이제는 내가 모든 것을 결정해야 하고 모든 문제를 스스로 풀어나가야만 한다.

## 자영업이든 사업이든 사장이 되기로 선택한 순간, 스스로를 교육해야 한다

그냥 하던 대로 좋은 교육프로그램으로 진심을 다해서 아이들을 잘 가르치면 되는 줄 알았다. 직원을 다루는 법, 고객에게 딸려 가지 않고 만족시키는 법, 나 스스로 경영의 기준을 세우는 법은 학교에서 가르쳐주지 않았다. 사장이 되어야지만 부딪히며 알 수 있는 것들이었다. 이제 어떻게 해야 하나?

스스로를 교육해야 할 때가 되었다.

봉급생활자로 일할 때는 교육의 기회가 주어졌다. 내 돈을 들이지 않고 양질의 교육을 받을 수 있었다. 새로운 것을 배우는 걸 좋아하는 편이었지만 학원에서 가라고 하면 왠지 가기가 싫었다.

"왜 또 교육이야, 귀찮게 시리", "서울까지 가야 되네. 피곤하고 시간 아까워."

내 돈 한 푼 안 들이고, 교통비까지 대신 내주면서 나의 성장을 위해 교육시켜주는 데도 늘 불만투성이였다. 원장이 되고 보니, 학원에서 마시는 믹스 커피 한 봉지, 종이컵, 선생님들이 사용하는 펜, 메모지까지 사소한 하나하나가 다 비용이었다. 그전에는 아무 생각 없이 쓰던 것들이었다. 이제는 내 스스로 교육비를 지불해야 한다는 사실에 오히려 봉급 받을 때가 좋았다는 생각도 들었다.

사실 지금의 나는 교육광이다. 수시로 학부모 교육을 하고 강사 교육도 주기적으로 진행한다. 매주 1회는 서울로 KTX를 타고 가서 좋은 강의를 듣고 온다. 교육비에는 돈을 아끼지 않는다. 학부모 교육도 좋은 강사를 초청하기 위해 많은 비용을 쓴다. 지방에서 만나기 힘든 명강사를 초청하여 직원강사교육을 진행하기도 한다.

무엇보다도 나 자신을 교육시키는 데 가장 많은 시간과 비용을 투자한다. 학기당 수백만 원의 수강료를 내고 강의를 듣기도 하고, 15,000원짜리 책 한 권으로 엄청난 성장을 하기도 한다.

> "단지 책 한 권의 비용을 쓰는 것만으로 100만 원 이상의 가치를 얻고 기를 받아 내 운명이 바뀌는 느낌이 들었다. 1만 원짜리 강의에서도 100만 원의 가치를 느꼈는데 고가의 강의를 들으면 얼마나 더 큰 가치를 느낄지 궁금했다.
>
> 강의를 찾아 듣던 중 1,000만 원짜리 강의가 세상에 있다는 것을 알게 되었다. 그런데도 듣는 사람이 많았다. 아무것도 안 배워도 좋았다. 이 세상에 1,000만 원짜리 강의가 있고 그 강의를 듣는 사람이 넘쳐난다는 사실을 알게 된 것만으로

도 나는 기꺼이 돈을 지불할 의향이 있었다."

『나는 1주일에 4시간 일하고 1,000만 원 번다』에서 저자 신태순이 한 말이다.

교육만큼 남는 장사가 없다. 내가 익히고 깨친 것은 아무도 빼앗아 갈 수가 없다. 지금 당장은 그것이 수입으로 연결되지 않더라도 내 안에 쌓인 지식과 지혜는 언젠가는 꼭 필요한 순간에 나타난다.

임신 중 매 주말 울산까지 왕복 4~5시간을 운전해가면서 취득해 놓은 "미국 교과서 지도사 자격증"으로 학원 커리큘럼의 토대를 마련했다.

교수부장시절 YBM에서 받은 "영어 토론 디베이트" 과정은 특목고반 수업을 구성할 때 잘 활용했다. 2015년부터 지금까지 매년 "교육 경영 CEO" 과정을 통해 학교에서 배우지 못한 경영과 리더십을 훈련한다.

이제는 교육과 경영을 넘어서 '마케팅', '유튜브 크리에이터', '하브루타 지도자', '글쓰기 교실'까지 다양한 영역으로 확장되었다. 여러 분야의 다양한 교육을 받다 보면 공부를 잘해서 좋은 대학에 가는 것이 유일한 길이 아니란 것을 알게 된다. 어쩌면 우리 학원 학생들에게 공부보다 인성, 인성보다 태도를 강조하는 것이 이런 교육의 영향이 아닌가 한다.

문제가 생겼을 때 해결하는 방법, 리더의 역할, 경영에 필요한 A to Z는 학교에서 가르쳐주지 않는다. 엄마들도 배운 적이 없었을 것이다.

"이제 엄마들도 스스로 배움을 시작해야 하지 않을까요?" 엄마들에게 묻는다.

'나는 더 배울 것도 돈도 시간도 없고, 이제 새로 배워서 뭘 하겠어? 난 누구처럼 자영업을 할 생각도 없는데…'라고 생각하는 엄마들이 있을 것이다.

그렇다면 질문을 이렇게 바꾸겠다.

"그렇다면 우리 아이들이 진짜 세상을 살아가는 데 필요한 것은 어디서 배워야 할까요?"

아이 생각을 하면 정신이 번뜩 들고, 눈이 반짝이는 것이 엄마다.

엄마들이 배워야 한다. 엄마라는 직업은 '스스로 고용한 자'이다. 즉 '스스로 교육해야 하는 자'가 되는 것이다.

스스로를 교육해서 우리 아이들에게 좋은 길을 안내해 주자. 엄마들이 아이들 교육에 관해 누구의 말을 들어야 할지 몰라 갈팡질팡하는 모습이 마치 초보 원장 시절의 내 모습과 같다. 스스로를 교육해서 좀 더 단단하고 소신 있는 엄마가 되는 것이 문제를 해결하는 길이다.

아이, 혹은 내가 스스로 배워야 할 것들의 목록을 만들어 볼까요?

Step1. 학교에서 가르쳐주지 않지만, 삶에 꼭 필요한 것들이 무엇인지 적어봅니다.

ex) 사람들과 잘 어울리는 법, 쉽게 상처받지 않는 법, 문제를 해결하는 방법, 삶에서 중요한 것을 찾는 법……

Step2. Step1에서 적은 목록 중 2~3가지를 골라서 학교가 아니면 어디서 배울 수 있는지 찾아봅니다.

시작 시기와 방법을 구체화시키면 계획에서 끝나지 않고 실천할 수 있는 확률이 올라갑니다.

| 삶의 배움 목록 | 어디서 배울 수 있을까? | 시작 시기 및 방법 |
| --- | --- | --- |
| ex)<br>돈의 흐름과<br>경제원리 | 경제 관련 도서 읽기<br>경제 기사 읽기<br>재테크 관련 유튜브 구독 | 2019년 3월 서점 방문 후<br>2일에 한 번 네이버 신문 읽기<br>바로 시작, 유튜브 검색 |
| | | |
| | | |

# 교육과 사업을 넘나드는 외줄타기

"어머님, 우리 학원에 다른 친구를 소개시켜 주세요."

"어머, 원장님. 너무 상업적인 거 아니에요?"

"허허, 어머님. 학원이 무슨 업이라고 생각하세요? 학원은 원래 상업입니다."

학원장들을 상대로 한 마케팅 강의에서 실제로 들었던 사례이다. 농담처럼 웃어넘겼지만 학원업의 본질에 대해 고민해 보게 한다.

학원이 일반 자영업과 다른 점은 교육을 서비스한다는 점이다. 사실 '교육'이란 단어와 '사업'이란 단어는 잘 어울리지 않는다. 하지만 교육장에서 들은 원장님의 우스갯소리는 웃고 넘어갈 일이 아니다. 어쨌든 학원도 상업의 영역에 속하니 이익이 남아야 한다.

"맛있게 드셨으면 다음에 친구분 소개시켜 주세요."라고 식당주인이 얘기한다.

"어머, 사장님. 너무 상업적인 것 아니에요?"라고 반문할 사람이 있겠는가?

학원도 일반 기업과 마찬가지로 이윤이 남아야 새롭게 투자할 수 있다. 초보 원장 시절의 나는 엄마들에게 다른 친구를 소개해 달라는 말을 못했다. 그렇게 말하는 순간 교육자에서 돈만 밝히는 사장으로 바뀌는 것 같은 느낌이 들어서다.

강사 출신이고 원장이 되고도 수업을 직접 했기 때문에 교사로서의 마인드가 더 강했다. 내가 좋은 교육 상품을 마련했으면 그것을 잘 실행할 좋은 교사를 채용하고 교육해서 좋은 가격으로 소비자(학부모와 학생)에게 잘 팔아야 한다. 그것이 원장의 역할이다. 하지만 나는 부끄러워서, 교육자가 그래서는 안 되니까 등의 말도 안 되는 이유로 내 역할을 제대로 해내지 못했다.

교육이란 보이지 않는 무형의 상품이다. 미래의 일어날지 안 일어날지도 모를 일에 미리 돈을 내고 대비하는 보험과 같다. 효과를 볼 수 있을지 없을지 알 수 없는 서비스에 대해 지불해야 한다. 당연히 그 상품을 구매하는 입장에서는 이것저것 따지고 물어볼 수밖에 없는 것이다. 그러니 서비스를 공급하는 입장에서 가능한 많은 부분을 보여주려고 애써야 한다. 교육 성과, 교육 커리큘럼, 교재의 우수성, 강사의 능력 등 어필할 수 있는 만큼 모두 보여주어야만 선택 받을 수 있다.

대한민국에서 사교육을 안 받는 사람들은 거의 없다고 한다. 2017년 통계청 자료에 의하면 사교육 참여율이 70.5%에 달한다. 사교육 종사자수는 100만이 넘고, 종사자수 업계 6위, 기업수 4위로 이미 산업의 한 영역을 당당히 차지하고 있다. 그럼에도 사교육비에 지출하는 비용이 너무 커서 늘 지탄의 대상이 되고 있다

교육자로서 당당하게 나서자니 공교육과 늘 비교를 당하고, 사업가로서 이익 추구하는 모습을 보이려니 이 또한 지탄받기 쉽다. 그 어느 쪽에도 속하지 못하는 박쥐와 같다.

학원은 교육서비스 업종이며 명백히 상업이다. 이것을 인정한 순간 내가 준비한 서비스가 고객을 만족시켜야 한다는 대전제가 생겼다.

> "고객이 그들의 목표를 달성하도록 돕는 일에 당신의 주된 목적을 두어야 한다. 그들의 성공을 당신의 성공의 원천으로 만들어라. 진부한 조언으로 들릴지 모르겠지만 이것만큼 진정으로 따르지 않는 조언도 드물다."

세계적인 브랜드 전문가인 빌 비숍이 그의 저서 『핑크펭귄』에서 한 조언을 따라야 할 때다.

'왜 사람들은 사교육을 선택할까?'

'더 나은 교육서비스를 받기 위해서다.'

'그렇다면 내가 제공할 수 있는 교육의 가치는 무엇인가?'

### 우리의 사명

지역의 학생들에게
'스스로 공부할 수 있는 꿈'을
가질 수 있게

진정한 사랑과 관심으로
최상의 교육 서비스를 제공한다.

위 사명을 토대로 한 우리 학원의 교육목표를 설정했다.

남과 비교하지 않고 자신의 과거와 비교하며 영어 자존감을 키워주는 교육을 하겠다는 목표가 생겼다.

구체적인 사명과 교육목표를 설정한 후 나는 더 이상 교육과 사업 사이에서 흔들리지 않았다.

'어떻게 하면 내가 제공하는 교육의 가치를 더 높일 수 있을까? 어떻게 하면 고객이 바라는 것 이상의 교육서비스를 줄 수 있을까?'

연구하고 고민하는 것만으로도 시간이 부족하다.

사교육을 선택하는 엄마들에게 뚜렷한 교육철학과 목표가 있는 기관을 선택하라고 조언하고 싶다. 규모가 큰지 작은지, 시설이나 인테리어가 좋은지, 우리 아이랑 잘 지내는 친구가 다니고 있는지, 옆집 엄마가 좋다고 하는지, 공부 잘하는 아이가 다니고 있는지도 중요한 요소일 수 있다.

하지만 우리가 사교육을 선택하는 본질에 대해 다시 생각해 보자.

더 나은 교육 가치를 제공받기 위해서다. 그것이 성적 향상이라면 그걸 잘하는 학원을 선택하면 되고, 공교육 이상을 원하지 않는다면 학원을 보내지 않아도 좋다. 이런 경우 다른 집 아이들 모두가 학원을 다닌다고 해도 흔들리지 않을 것이다.

학원이 어떤 교육 가치를 제공할 것인지를 깊이 있게 고민해야 한다면, 엄마들은 내가 어떤 가치를 제공하는 곳을 선택해야 하는지를 생각해야 할 것이다.

아래의 질문에 답을 하지 못한다면 사교육을 선택하지 마세요. 어차피 보내도 만족하지 못할 것입니다.

STEP1. 사교육을 선택한다면 어떤 교육 가치를 위한 것인가요?

ex) 성적 향상, 언어능력 개선, 보육……

STEP2. 어떤 교육을 제공하는 곳에 내 아이를 맡겨야 할까요?

# 엄마 수업이 필요하다

초등 5학년 학생으로, 공부하기를 싫어하고 학원에 억지로 오는 친구가 있었다. 숙제도 매번 안 해 와서 왜 그런가 물어보니 숙제할 시간이 없단다. 어릴 때부터 하루 종일 이 학원 저 학원 다니며 시간을 보내와서 새로운 것을 배우는 것이 재미있지도 않고 무기력증에 빠진 것이다.

이 친구에게 공부의 즐거움을 알려주기 위해 다양한 방법으로 동기부여를 시작했다. 그 아이에게만 숙제를 최소한으로 줄여주고 그것을 다 해오면 폭풍 칭찬을 해주었다. 작은 목소리로 수업에 참여하기 시작하더니 직접 롤 플레이* 영상을 찍는 데 적극적으로 임했다. 우리 선생님들은 아이의 변화에 놀라움을 넘어 감동을 받았다.

*role-playing: 역할을 정해 연기하듯이 말하는 것

그런데 어느 날부터 이 친구가 갑자기 예전 모습으로 돌아갔다. 다시 이전의 무기력한 상태가 된 것이다. 교수법도 점검하

고 동기부여도 다시 여러 방향으로 진행했지만 아이의 변화가 더뎠다. 마지막 방법으로 아이와 깊이 있게 상담을 진행하다가 놀라운 사실을 알게 되었다.

어느 날 학원에서 폭풍 칭찬을 받은 아이가 집에 가서 엄마에게 자랑을 했다고 한다.

"엄마, 나 단어시험에서 80점 맞았어요."

엄마의 반응은 예상보다 심각했다.

"지금까지 그 돈을 쏟아부었는데, 이제 그 정도는 해야지. 뭐 잘했다고. 100점도 아니고."

"선생님, 우리 엄마는 만족을 몰라요."

아이가 힘없이 말했다.

내가 엄마 교육이 필요하다고 느낀 순간이었다.

아이들을 바꿔봤자 엄마가 그대로라면 변하지 않는다. 엄마가 변하면 아이가 바뀌고 아이가 바뀌면 세상이 바뀐다. 그래서 엄마를 위한 수업이 필요하다.

아인슈타인, 프로이트, 마르크스 / 금융재벌 로스차일드, 석유재벌 록펠러, 투자계의 대부 조지 소로스 / 구글의 세르게이 브린과 래리 패이지, 퓰리처상을 만든 조셉 퓰리처

누구나 알 만한 이름들의 공통점은 무엇일까? 바로 유대인이

라는 것이다.

유대인은 전 세계 인구의 0.25%에 불과하지만 노벨상 수상자의 3분의 1을 차지하고 있다.

『부모라면 유대인처럼』에서 고재학 저자는 유대인 성공의 비결은 그들의 '교육'에 있다고 한다. 또한 유대인 교육의 중심을 '엄마'에 두었다.

"'세계를 움직이는 것은 미국이지만 미국을 움직이는 것은 유대인'이라는 말이 있다. 그만큼 유대인 엄마들은 세계를 움직이는 걸출한 인물들을 길러왔다.

정신분석학의 창시자 프로이트는 '내가 위대한 인물이 되려고 노력한 것은 어머니가 나를 믿어 주었기 때문'이라고 했다.

학습 부진아 아인슈타인을 과학 천재로 만든 것도 엄마의 인내심과 슬기로움이었다. 아이가 당장은 성적이 떨어지고 엉뚱한 행동을 하더라도, 아이의 잠재력을 믿고 장점을 찾아서 키워주려고 애썼다."

"'유대인은 어머니가 유대인이어야 유대인이다'라고까지 말한다. 오직 유대인만이 어머니를 민족의 정통성을 판별하는 기준으로 삼고 있다.

어머니는 최초의 선생님이자, 유대민족의 조국과 미래를 책임지는 자녀들을 양육하는 소중한 존재이기 때문이다."

우리나라도 별반 다르지 않다. 교육을 최우선으로 여기고, 엄마들의 열정도 유대인 엄마 못지않다. 하지만 모든 교육의 중심이 아이에 맞춰져 있고 그 아이를 최전선에서 보살피고 북돋아야 할 엄마 교육은 부족한 것이 현실이다.

엄마는 대체 누가 가르쳐줄까?
사실 엄마 노릇도 언제 한번 제대로 배운 적이 없지 않은가? 엄마도 자영업 사장과 마찬가지로 스스로를 교육해야 한다. 아이 교육에 많은 시간과 비용을 투자하듯이 엄마도 수업이 필요하다.

엄마도 아이만큼 배워야 한다. 아이만큼 공부해보고 시험도 쳐보고 좌절감도 느껴봐야 한다. 그래서 지속적으로 학부모 교육을 실시한다. 동기부여 방법과 새로운 교수법도 공유하고 가정에서 함께 해볼 수 있는 방법도 알려준다.

하지만 단기적인 성과 위주의 세미나가 인기가 많다. 엄마는 아이를 위한 장기 플랜을 짜야 한다. "입시전략세미나"도 중요하지만 우리 아이에 대해 제대로 아는 것 또한 중요하다. 그러려면 엄마들이 내 삶에 대해 먼저 공부할 필요가 있다. 좀 더 엄마 교육의 필요성과 중요성을 느끼기를 바란다.

엄마 교육 이렇게 해보세요

Step1. 학교나 학원에서 진행하는 부모 교육에 가급적 꼭 참여하세요.

- 가만히 앉아서 교육 듣는 게 재미없고 힘드시다면, 우리 아이도 그럴 거야 하고 공감해 봅니다.

Step2. 시간적 여유가 있다면 도서관이나 서점에서 진행하는 독서 모임과 인문학 교육에 참석해 보세요.

- 도서관마다 다양한 독서프로그램과 독서 모임이 있습니다.
- 요즘은 서점에서도 인문학 강의나 모임도 진행하는 곳이 있습니다.
- 취미나 운동에 관련된 것이 아닌 읽고 머리를 쓸 수 있는 교육을 선택하세요.

Step3. 정말 시간이 안 나신다면, 아이와 함께 책을 읽으세요.

- 아이와 함께 같은 책을 읽고 이야기하는 시간을 가집니다.
- 아이가 책을 읽거나 숙제하는 시간에 내 책을 읽습니다.
- 하루에 10분이라도 꾸준히 내 공부하는 시간을 내보세요.

# 나를 살린 독서

교육자와 사업가 사이를 왔다 갔다 하느라고 멘탈이 너덜너덜했다. 셋째 임신 후 학원 일을 병행하면서 출산까지 견디는 것은 그나마 쉬운 일이었다. 출산 이후 본격적으로 시작된 육아와 일, 친정 부모님을 모시고(부모님은 동의하지 않는 단어다) 살면서 남편과 부모님 사이에서 중간 역할의 어려움 등, 그즈음 일어날 수 있는 모든 일들이 나에게 한꺼번에 온 것 같았다.

첫아이는 4살에 처음으로 기관에 보냈다. 둘째는 그래도 두 돌은 지나야지 하는 마음에 3살까지 버텼다. 셋째는 100일이 지나자마자 어린이집에 가게 되었다. 셋째를 임신한 사실도 5개월째에 배가 슬슬 나올 무렵까지 친정엄마에게 말하지 못했을 정도로 죄송한 마음이었다.

게다가 까탈스럽고 밤잠 없는 셋째까지 친정엄마에게 부탁할 수는 없었기에 어쩔 수 없는 선택이었다. 오히려 100일쟁이는 떼어 놓는 것이 수월했다. 아무것도 모르는 아기는 아침에 어린이집 차를 타고 카시트를 매도 그것이 엄마를 떠나는 일인지 몰랐다.

그 해 큰아이는 초등학교에 입학했다. 유치원보다 등교를 일찍 하니 평소보다 1시간 일찍 일어나 아침밥을 먹여야 했다. 친정 부모님과 합가해서 2년 동안 함께하며 도와주셨지만, 두 가족이 한집에서 사는 일은 쉬운 것이 아니었다.

"배부른 소리 하지 마라. 남들은 애 봐줄 사람 없어서 일도 못하는데…."

"부모님께서 다 포기하고 너 하나 보고 애 봐주느라 그 고생을 하시는데…."

"요즘 엄마들 다 애 안 봐주려고 한다. 너 평생 엄마한테 효도해야 한다."

다 맞는 말이다. 하지만 친정 부모님이나 친척들이 아이를 봐준다고 해서 애 엄마가 그렇게 편하기만 한 것은 아니었다. 남편과 부모님 사이에 나름 처가살이의 갈등도 있었다.

육아 방식에 대해 부모님과 충돌할 때마다 전문가들은 "애를 맡기려면 간섭하지 말고 부모님의 육아 방식을 존중하라"고 얘기한다. 하지만 매일 눈앞에 보면서 나와 생각이 다른 점을 모른 척하기는 쉽지 않았다.

결국 부모님은 같은 동네에 집을 얻어서 이사를 가셨고, 내가 퇴근해서 집에 올 때까지 아이들 저녁을 먹이고 돌봐 주셨다. 세 아이를 동시에 돌봐야 하는 시간이 서너 시간 되었다. 학원

업무가 밀리거나 상담 때문에 늦어지는 날에는 내가 퇴근할 때까지 엄마가 기다려 주셨다. 그 무렵 남편도 일이 많아져서 친정엄마가 늦게 퇴근하는 일이 많아졌다.

"너, 뭐 하느라 네 엄마 집에 안 보내고 있니?"

친정아버지가 노한 목소리로 전화를 하셨다. 시계를 보니 10시 반이었다. 선생님들은 모두 다 퇴근했고 혼자 남아서 미처 끝내지 못한 일을 처리하다 보니 시간이 가는 줄도 몰랐다. 갑자기 울컥 눈물이 쏟아졌다.

'내가 놀다가 안 간 것도 아니고, 왜 모든 게 다 내 탓인데? 가족들 먹여 살리려고 일했잖아.'

모두가 다 나한테 불만이었다. 선생님들도 힘들면 나에게 불만을 얘기했다.

"원장님, 중학생들 시험 대비까지 하려면 너무 힘들어요."

"원장님, 선생님들이 왜 이렇게 자주 바뀌나요? 원장님 믿고 보내는데 이러면 곤란해요."

"일찍 일찍 좀 퇴근해서 네 엄마 좀 덜 힘들게 해라."

"어머니, 바쁘신 건 알지만 초등학교 1학년이니 집에서 숙제 좀 챙겨 주세요. 일기가 밀렸어요."

"내일 출근할 때 입을 바지가 없잖아. 출근하면서 세탁소에 좀 맡기라고 했는데 그것도 못해 줘?"

"엄마, 엄마, 엄마. 언제 와?"

세 아이의 엄마, 딸, 아내, 학부모, 학원장 역할까지 어느 하나도 제대로 하는 것이 없었지만, 그 모든 것을 다 해내야 했다. 거기에 나는 없었다.

막내를 어린이집에 보내고 나서 출근하기 전까지 책상머리에 앉아 매일같이 울었다. 어떤 날은 몸이 힘들어서, 어떤 날은 막내가 불쌍해서, 어떤 날은 일이 많아서, 어떤 날은 출근하기 싫어서, 어떤 날은 학부모들이 무서워서, 어떤 날은 아무것도 모르는 남편이 미워서, 어떤 날은 그냥 그런 내가 싫어서 울었다.

그러다가 시간이 되면 눈물을 닦고 화장을 하고 출근했다. 똑같이 자영업 원장의 하루를 보냈다. 서비스업에 종사하니 웃어야만 했다. 선생님들에게 우울한 모습을 보이면 누가 믿고 따르겠는가? 웃으며 일했다. 퇴근해서 친정엄마에게도 늦어서 죄송하다고 얼른 퇴근하시라고 웃으며 말했다.

난 괜찮다고 말했다. 나 때문에 힘들다는 그들에게 난 괜찮은 것이어야만 했다.

그냥 다 놓아버리고 싶기도 했다. 하지만 나를 믿고 일하는 선생님들, 아이를 맡겨주신 학부모님들, 애 봐준다고 고생하신 엄마, 그리고 세 아이. 포기할 수는 없었다.

살아야만 했다. 인생을 바꿔야만 했다. 이렇게 매일 울면서, 웃는 얼굴로 하루하루를 버틸 수는 없었다. 뭐라도 해야 했기에

나는 '책을 읽었다.'

죽을 만큼 힘든 시기에 살아보려고 선택한 것이 독서라니. 무언가에 이끌린 듯 나는 책을 찾았다. 내 아이 하나 잘 키워보려고 읽던 육아서적과는 차원이 다른 독서가 필요했다.

『독서 천재가 된 홍대리』에서 이지성 작가는 인생을 바꾸기 위한 '생존 독서'를 제안했다. 1년에 365권을 읽는 프로젝트를 통해서 독서로 삶을 완전히 새롭게 하라는 것이었다.

이지후: "성공을 원하는 사람이 제일 먼저 해야 할 일이 뭐라고 생각해요?"
홍대리: "자신의 사고방식을 바꾸는 것이요. 회사에 매인 직장인 마인드가 아니라 경영자 마인드를 지녀야 해요. 그러려면 독서를 통해서 자신을 바꾸는 수밖에 없을 것 같아요."
이지후: "그렇다면 1년 365권 독서에 도전할 때가 왔네요."
홍대리: "1년 365권 독서요? 하루에 한 권씩 읽는 건가요?"
(『독서 천재가 된 홍대리』, 이지성, 다산북스)

하루에 한 권씩 1년을 읽어야 한다. 지금까지 설렁설렁 시간나면 책 읽기 했던 것과는 차원이 달랐다. 나는 새벽 5시에 알람을 맞추었다. 처음으로 5시에 기상을 한 날, 그 시간에 일어났다는 것만으로 삶이 달라진 것 같았다. 해뜨기 전에 일어나 뜨는 해를 바라보니 다시 살아난 것 같았다. 아이들이 깨기 전 나에게 주어진 시간은 두 시간.

치열하게 독서를 했다. 사실 하루에 한 권을 읽으려면 3시간은 확보해야만 했다. 나머지 1시간은 하루 중 틈날 때마다 읽는 것으로 보충했다. 엘리베이터를 기다리면서, 학생들이 문제 풀이하는 찰나의 순간도 놓치지 않았다.

단 하나의 목표에 매달렸다. 1년에 365권을 읽으면 인생이 바뀔 수 있다지 않는가? 죽기 전에 마지막으로 그거 하나 해보자는 심정으로 버텼다.

새벽에 일어나는 것이 그리 쉽지는 않았다. 당시 안방에서 아이 셋과 함께 잤는데 잠귀가 밝은 막내가 깰까 두려웠다. 알람을 맞춰도 소리 나게 할 수가 없었다. 너무 피곤한 날은 진동으로 해둔 알람을 알아채지 못했다. 겨우 새벽 기상을 해서 책을 읽으려고 살금살금 안방에서 나오면, 막내가 "엥~" 하고 엄마를 찾으며 울음을 터트렸다.

어려움이 있었지만 1년 동안 나의 첫 독서 프로젝트는 꾸준히 진행되었다.

결론부터 말하자면, 난 365권 읽기를 실패했다. 1년 조금 넘는 기간 동안 읽은 책을 정리해 보니 300권이 조금 안 되었다.

하지만 1년 후 나는 완전히 딴사람이 되어 있었다. 사실 권수를 채우려고 급하게 읽은 책도 많았고 아이 책 읽기로 대체한 적도 있다. 만화책도 몇 권 권수에 넣었다. 하지만 매달 새 책을 주문하고 책을 기다리고 좋은 문구를 찾아 밑줄을 긋는 과정에서는 나는 내 문제에서 벗어날 수 있었다. 책 읽는 동안에는 현재의 고민을 떠올릴 수 없었다.

그러다 보니 시간이 흘러갔다.

"이 또한 지나가리니."

나는 이 말이 무슨 뜻인지 뼈저리게 알 것 같았다. 그 시간은 그냥 두어도 종종거리며 고민해도 지나갔다. 막내는 어느새 돌이 지나 있었고, 밤잠도 잘 잤다. 초등 1학년에 아무것도 제대로 못 봐주었던 큰아이도 2학년이 되어 스스로 준비물을 챙겼다. 남편도 회사일이 좀 줄어들어 아이들을 많이 돌봐주기 시작했다.

내가 고민하든 안 하든 그만둘 선생님은 그만뒀고, 꾸준히 자리를 지켜준 선생님은 아직까지도 든든히 버팀목이 되어 주고 있다.

어렵던 학부모들은 내가 성장하는 만큼 더 믿음과 지지를 보내줬다.

몸이 힘들 때, 마음이 힘들 때, 마음대로 일이 되지 않을 때, 독서하라.

삶이 바뀔 것이다.

## 인생을 바꾸는 독서

### Step1. 독서를 유발하는 책 추천

『독서 천재가 된 홍대리 1, 2』(이지성 지음, 다산 라이프)

『리딩으로 리드하라』(이지성 지음, 차이 정원)

『책은 도끼다』(박웅현 지음, 북 하우스)

### Step2. 나의 독서 계획

1) 내가 책을 읽어야만 하는 이유는 무엇인가?

- 어떤 이유든지 상관없습니다. 아이 교육이 목적이 될 수도 있고 재미가 목적이 될 수도 있어요. 하지만 이유가 없으면 길게 가지 못합니다. 반드시 내가 책을 읽어야만 하는 이유를 찾아보세요.

2) 내가 확보할 수 있는 독서 시간은 얼마인가?

- 하루에 단 10분이라도 괜찮아요. 내가 독서할 수 있는 시간과 공간을 확보하세요.

3) 방해 받지 않는 독서 공간을 만드세요.

- 아주 작은 공간도 괜찮아요. 굳이 서재라고 부를 만한 곳이 아니라도 상관없어요. 아이들이 더 이상 쓰지 않는 낡은 앉은뱅이책상을 침실 한쪽에 예쁘게 꾸며 놓아 보세요. 항상 읽을 책과 메모지를 준비해 두세요.

**엄마 독서를 응원합니다.**

3장

# 엄마, 전문가가 되다

저의 꿈은
꿈을 가진 아이들을
교육하는
전문가가
되는 것입니다.

# 특목고 입시 학부모 세미나를 준비하면서

학원이 어느 정도 안정권에 들자 좀 더 학부모님들에게 임팩트 있는 교육정보를 주고 싶었다. 우연히 특목고 입시 설명회를 듣고 나서, 우리 학원에서도 그런 학생을 키우고 또 정보를 학부모님과 공유하면 좋겠다는 생각을 했다.

입시관련 이슈들은 자주 변하기도 하고 초등학생 위주인 우리 학원에는 당장 필요한 것은 아니었다. 그럼에도 꼭 배워서 우리 학원에 적용하고 싶었기에 스터디를 시작했다. 세미나에 한 번 참석한 것으로 복잡한 입시가 이해가 되겠는가? 공부하고 이해해야 할 것들이 한두 가지가 아니었다.

일단 관련 도서를 사서 여러 번 정독하고 참석했던 세미나에서 받은 자료도 정밀 분석하였다.

무언가 새로운 일이나 어려운 일에 도전할 때 내가 반드시 하는 일이 있다.

그건 바로, 도망가지 못하도록 장치를 만드는 것이다.

이번에도 일단 '특목고 입시관련 학부모 세미나'를 하겠다고 학부모님들께 공문을 보냈다. 한 달 남짓 남은 기간 동안 준비하면 충분하지 않을까 하는 속셈도 있었고, 중간에 포기하려는 나에게 배수의 진을 치기 위함이기도 했다.

자료를 준비하고 공부하는 과정에 '내가 왜 이걸 한다고 해서, 이 고생을 하고 있나?' 하는 생각이 수십 번 들었다. 하지만 도망갈 곳은 없었다.

입시를 분석하고 설명 자료를 준비하면서 하나의 커다란 의문이 내 안에서 샘솟았다.

'특목고를 왜 가야 할까? 성공하기 위해서?'

'성공이 뭐지? 성공하면 행복한 것인가?'

기술적인 정보를 얻기 위해 오는 엄마들을 대상으로 내가 고민하지 않아도 되는 문제였다. 하지만 나는 이 질문에 봉착하고, 더 이상 진도를 나가지 못했다. 나 스스로 설득되지 않은 것이다. 내가 아이들이 이 길을 선택하는 것에 자신이 없는데, 그것을 위한 스킬과 방법을 엄마들에게 설명하는 것이 무슨 의미가 있을까?

대기업에 다니는 남편에게 물어보았다.

"아이들이 특목고에 가면 뭐가 좋을까?"

"좋은 대학에 가기 쉽겠지." 한 치의 망설임도 없이 남편이 대답했다.

"좋은 대학에 가면 뭐가 좋지?"

"좋은 직장을 얻고 돈을 많이 벌겠지?" 이번에도 당연한 걸 왜 묻느냐는 듯이 거침없는 대답이 흘러나왔다.

"그럼 좋은 직장을 얻고 돈을 많이 벌면 행복한가? 자기는 대기업 다녀서 행복해?"

남편은 당황한 기색이 역력하더니 급기야는 버럭 화를 내고 말았다.

"엄마들이 원하는 건 그냥 입시 정보야. 그것까지만 준비해. 쓸데없는 고민하지 말고!"

쓸데없는 고민이 맞긴 했다. 하지만 정작 나는 세미나 당일까지도 화장실 못 간 강아지마냥 끙끙거렸다.

입시에 대한 내용은 이미 준비가 완료된 상태였다. 나는 PPT의 마지막 페이지만 남겨 놓은 채 학부모 세미나를 목전에 두고 있었다. 그날따라 출근 전에 무슨 바람이 불었는지 평소 잘 보지도 않는 TV를 켰다. 아침마당 같은 프로그램에 김미경 강사가 출연하여 "꿈을 가지는 것"에 대한 강연을 하고 있었다.

"지금 꿈을 가지고 있나요? 꿈을 가진 지 얼마나 되었나요?
저는 좋은 강사가 되어 많은 사람에게 영향을 끼치겠다는 꿈을 가진 지 14년이 되었습니다.
그래서 저의 꿈 나이는 14살입니다.

누구나 꿈을 가지게 된 순간부터 꿈 나이는 시작됩니다."

잠깐의 그 강의를 듣는 동안 나의 꿈에 대해서 생각했다.

'내가 가르치는 아이들도 모두 꿈을 가질 수 있다면, 아니 나부터 제대로 된 꿈을 가져야겠다.' 많은 생각을 하고 울림을 주는 강의였다. 하지만 그게 중요한 게 아니었다. 나는 아직도 학부모 설명회 PPT의 마지막 장을 채우지 못했다.

저녁 6시.

한 시간 뒤면 학부모님들이 들어올 것이다. 관심 있는 주제였는지 의외로 많은 부모님들께서 신청해 주셨고, 아버님들도 오신다고 했다. 심장이 쿵쿵 떨렸다.

모든 장비를 세팅해 두고 아직도 채워지지 않은 PPT의 마지막 장을 띄웠다. 아직은 아무도 오지 않은 적막한 세미나실. 불도 켜지 않고 나는 모니터를 노려보고 있었다.

결국 마지막 장은 이렇게 채워졌다.

"특목고에 간다고, 성공한다고 우리 아이들이 행복할까요?

특목고든 SKY든 대기업이든

아이들이 꿈을 가지고 있다면

이 모든 것은 꿈을 이루는 수단이 될 수 있을 것입니다.

중요한 것은 스스로 꿈을 가지는 것입니다.

저의 꿈은

꿈을 가진 아이들로 교육하는 전문가가 되는 것입니다."

학부모님들과 나 자신을 모두 만족시키는 멋진 학부모 세미나였다. 그리고 나의 꿈을 선언한 순간이기도 했다.

## 진정한 성공과 행복한 삶은 무엇인가요?

Step1. 지금 내 아이에게 가장 바라는 것은 무엇인가요?

ex) 수학 성적 올리기, 밥 잘 먹기 등

Step2. 내가 1번에 적은 것이 내 아이의 미래에 어떤 도움이 될까요?

ex) 키가 평균보다 커져서 연애할 때 지장이 없다 등

Step3. 2번에 적은 도움 요소가 아이가 행복한 삶을 사는 데 꼭 필요한가요?

ex) 꼭 필요하지는 않지만 있으면 좋다. 꼭 필요하다. 학벌이 곧 행복이다.

정답은 없습니다. 오히려 정답은 누구나 본인이 내면에 가지고 있습니다. 위에 적은 내용들이 엄마 자신의 내면에서 나는 소리인지 잘 생각해 봅니다. 그것만으로도 충분합니다. 잘하셨습니다.

# 꿈이 스스로 공부하게 한다

'꿈이 스스로 공부하게 한다.'

특목고 입시 설명회 이후 꿈을 가진 아이들을 키워내는 것이 내 꿈이 되었다.

처절하던 초보 원장 시절 이지성 작가의 『꿈꾸는 다락방』을 읽었다.

"성공을 시각화하면 그 이미지는 반드시 현실이 된다. 이 놀라운 원리는 위대한 성공을 거둔 사람이라면 모두 알고 있고 실천하고 있는 것이다. 사업계, 투자계, 운동계를 비롯한 각계 정상에 올라 있는 사람들은 대부분 이 방법을 실천하고 있다.

알렉산더 그레이엄 벨이 '무의식적 사고의 힘'이라 칭했고, 에스테 로더가 '시각화의 힘'이라고 부른 그 힘을 이 책에서는 공식 R=VD라고 부른다. 이것을 풀이하면 다음과 같다.

생생하게 vivid 꿈꾸면 dream 이루어진다. Realization."

꿈을 이루어낸 수많은 사례들을 읽고, 책장을 덮을 즈음 이미 내 심장은 두근두근 뛰고 있었다. 나의 꿈과 사명에 대해 다시 한 번 생각하기 시작한 순간이었다.

영어교육 전문가로서 대한민국 아이들의 영어를 해결해 주고 싶다. 수년 간 공부를 하고도 외국인을 만나면 말 한마디 제대로 못하고 심지어 외국인이 말을 걸면 도망가기까지 하는 게 우리의 현실이다.

대한민국이 영어에 한이라도 맺혔는지, 어린아이부터 어른까지 수많은 시간과 돈을 쏟아붓고도 여전히 제자리걸음을 하고 있다. 유치원부터 초등학교까지 말하기, 쓰기, 읽기를 잘 훈련시켜 놓으면, 중·고등학교에 가서 시험을 위한 단어, 문법, 독해에 집중하느라 실용 영어는 쓸 시간도 필요도 없어진다.

How?

어떻게 대한민국의 영어 병을 해결할 것인가?

최적의 교육서비스를 하는 것은 당연한 일이다. 하지만 그보다 근본적인 것부터 해결해야 할 것이다. 공부할 아이들 자체에 집중해 보았다. 과거에 비해 점점 더 아이들의 눈은 빛을 잃어가고 이미 수많은 사교육에 지쳐서 자극을 제대로 느끼지 못하는 아이들이 대다수다.

초등 고학년이 되면 그전까지 엄마 말을 잘 듣던 아이들이 슬그머니 반항하기 시작한다. 엄마 입장에서야 놀랄 일이지만 그나마 자아 표현을 그만큼이라도 하니 다행이다. 오히려 교실에 얌전히 앉아 있는 착한 아이들이 걱정이다. 갈등을 피하고 감정을 숨기며, 꾹 참고 영혼 없는 눈빛으로 앉아 있는 그들이 안쓰럽다.

'어떻게 하면 이 아이들에게 다시 생기를 불어넣을 수 있을까?'

초등 고학년 아이들이 공부가 힘들 때마다 하는 말이 있다.

"선생님, 영어를 왜 해야 돼요? 영어 단어는 왜 이렇게 많이 외워야 돼요?"

"저는 계속 한국에서만 살 건데요."

"우리 엄마, 아빠는 영어 못하는데도 직장도 잘 다니고 잘 살잖아요."

아이들이 이렇게 질문할 때면 사실 나도 말문이 막힌다. 틀에 막힌 "좋은 대학 가려면 영어를 잘해야 돼", "영어를 잘해야 성공하지"라는 말로는 똑똑한 요즘 아이들을 설득하지 못한다는 것을 안다. 나조차도 설득되지 않으니 그렇게 함부로 말할 수는 없다.

그러던 중, 내 삶을 다시 빛나게 한 '꿈'이 떠올랐다.

'아이들도 꿈이 있다면, 그 꿈을 이루는 데 영어가 반드시 필요한 도구란 것을 알게 될 거야.'

'어떻게How' 공부해야 하느냐보다 '왜Why' 공부해야 하느냐?

'왜Why'를 인지시키는 것이 우선이다. 아무리 좋은 교수법How이 있어도 학습을 위한 내재적 동기를 유발하는 '왜Why' 없이는 지속할 수 없다. 그래서 시작한 것이 비전 로드맵* 수업이었다. 내가 그랬듯이 아이들도 진지하게 자신을 바라보고 생각하고 꿈을 꾸는 시간이 필요했다.

*비전로드맵은 1년에 한두 번 방학기간 동안 단기로 진행한다. 최근에는 학교에서도 자유학기제를 운영하며 아이들이 꿈과 진로를 찾는 데 주력하고 있다. 사실 이 프로그램을 하면서 가장 큰 수혜자는 선생님들이었다.

"타샤 튜더 같은 정원사가 되고 싶어요.", "양자 물리학자가 되어서 타임머신을 개발할 거예요.", "그냥 좋은 엄마, 아빠가 되고 싶어요."

예상치도 못했던 직업군을 보고 아이들의 관심사에 대해 알 수 있게 되었다. 그간 공부시키느라 잘 들여다보지 못했던 아이들의 재능에 대해서도 공유하는 계기가 되었다.

"○○아, 요새 베이킹 연습 좀 했어? 능력 있는 파티시에가 되려면 영어도 필수인 거 알지?"

"가장 영향력 있는 정치인 ○○이네."

강사들과 아이들의 관계가 돈독해지면서 수업 집중도 또한 높아졌다. 물론 비전 로드맵 수업을 한 번 한다고 해서 당장에 아이가 바뀌고 꿈이 생기는 것은 아니다. 하지만 무엇을 좋아하

# 꿈을 꾸면
# 이루어진다

는지, 무엇에 관심이 있는지 알아보고 관련 직업도 찾아보고 조사해보는 과정에서 아이들이 미래에 대해 스스로 계획을 세우게 된다.

미래에 대한 계획이 있는 아이들은 영어학원 숙제 하나도 성실히 해내려고 노력을 한다. 꿈을 가지고 있으면 스스로 연구하고 공부하게 된다. 영어를 도구로써 활용하게 된다. 당장 쓸 일이 없는 영문법과 단어도 진지하게 받아들인다. 외국에 나가 살 일이 없어도 혹시나 미래의 꿈을 위해 도구 하나쯤 더 장착해 놓으려고 한다.

우리 아이들이 나에게 와서 "영어 공부를 왜 해야 해요?" 하고 물으면 이제는 자신 있게 이렇게 대답한다.

"영어나 학교 공부나 모든 것은 너의 행복한 미래를 위해 만들어가는 너의 도구야.

도라에몽*처럼 도구가 많으면 어떤 상황에서도 빨리 문제를 해결할 수 있지?

*도라에몽: 일본 애니메이션 캐릭터로 항상 필요할 때마다 적당한 도구를 꺼내서 사용할 수 있는 능력이 있다.

영어라는 도구를 가지고 있으면 더 많은 경험을 할 수 있고 더 많은 사람도 만날 수 있어. 그럼 더 많은 기회를 가지는 거야. 더 많은 기회를 통해 더 많이 경험하렴."

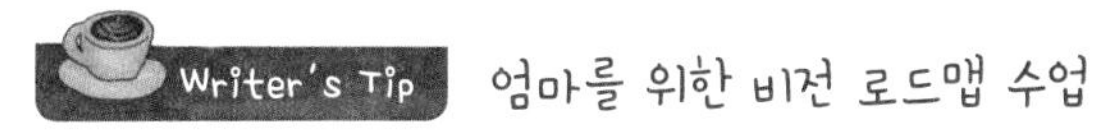


## 엄마를 위한 비전 로드맵 수업

**Step1. 비전 로드맵이란?**

두드림 교육연구소에서 진행하는 아이들의 꿈과 진로, 미래 비전을 찾아가는 여정을 함께하는 진로 프로그램으로 전국에 비전 디자이너 과정을 이수한 강사로부터 수업을 받을 수 있습니다. 비전 로드맵 외에도 꿈을 설정하는 여러 가지 방법이 있으니 찾아보시는 것도 좋아요.

**Step2. 엄마를 위한 미니 비전 로드맵 실습**

원하는 것을 정확하게 떠올리고 적어보는 것은 그 일을 이루기 위한 첫 번째 스텝입니다. 버킷 리스트처럼 떠오르는 대로 하고 싶은 것을 적어보세요.

| 나의 꿈 리스트 | 영역 | 목표 기한 | 달성 여부 | 실행방법 |
|---|---|---|---|---|
| ex) 가족들과 유럽여행 가기 | 가정 / 여가 | 2020년 | 진행 중 | 2012년 적금 가입 |
| ex) 부모님께 전원주택 지어 드리기 | 효도 | 2025년 | 2014년 8월 | |
| | | | | |
| | | | | |
| | | | | |
| | | | | |
| | | | | |

※위 예시를 참고해서 나만의 버킷 리스트를 만들어 보세요. 실제로 저자가 작성했던 100가지 위시리스트 중의 일부를 예시로 사용했습니다.

Step3. 나만의 버킷 리스트list 작성

| 나의 꿈 리스트 | 영역 | 목표 기한 | 달성 여부 | 실행방법 |
|---|---|---|---|---|
| | | | | |
| | | | | |
| | | | | |
| | | | | |
| | | | | |
| | | | | |
| | | | | |

# 진짜 몰입과 자기주도는 어디에서 오는가?

오랫동안 아이들과 함께하다 보니 어른인 내가 봐도 그 자체로 참 대단하고 존경스럽다 싶은 아이들을 만날 때가 있다. 아이들이 제자이고 내가 선생님이지만 늘 더 많이 배우는 것은 나다. 너무나 놀라운 몇몇 친구들의 이야기를 공유하려 한다.

### 진정한 몰입과 자기주도

아이들이 열심히 공부하는 모습, 숙제하는 모습을 보면 기분이 좋아진다. 원장으로서 군기반장 역할을 하기 위해 한 번씩 교실 순찰을 한다. 중학생들의 학교 내신기간이면 학원 전체에 싸늘한 긴장감이 돈다. 선생님들도 예민하고 공부량이 많은 아이들도 힘들어하는 기간이다.

그날도 어김없이 교실마다 다니며 아이들에게 농을 걸거나 하면서 생활지도를 하고 있었다. 빈 교실에서 공부하고 있는 여학생이 보였다. 평소 예뻐하던 학생이라 공부하는데 응원이라도 하고자 살며시 문을 열고 들어갔다. 인기척도 못 들었는지 뒤도 돌아보지 않고 공부하고 있었다.

'문 여는 소리가 나면 다들 뒤돌아보고 눈인사라도 하는데 딴 생각하느라 내가 온 것도 눈치 못챘나?' 하는 생각에 가까이 다가가다 놀라서 멈칫했다.

그 아이가 얼마나 집중하고 있는지 몇 미터 떨어진 거리에서도 느껴졌다. 마치 보이지 않는 에너지 장이 그 여학생을 둘러싸고 있는 것처럼 말이다. 그런 몰입과 집중은 본 적이 없었다. 살며시 방해가 되지 않게 돌아 나와서 창문으로 넌지시 다시 지켜봤을 때도 아이의 집중력은 흐트러지지 않았다.

선생을 감동시키는 학생의 몰입이었다. 김승주(한국외대)는 항상 노력하는 모습을 보이는 아이였다. 좋은 머리를 타고났지만 안주하거나 자만하지 않았다. 승주 어머님은 항상 아이가 공부하는 것이 안쓰럽다고 하신다.

"좀 쉬었다 해. 너무 늦게까지 공부하지 마. 시험 좀 못 쳐도 괜찮아."

늘 이렇게 말하는데도 아이가 스스로 세운 목표를 위해 끝까지 멈추지 않았다. 엄마가 공부하라고 말하지 않는데도 스스로 공부하는 아이는 모든 엄마들의 로망이다. 이 로망을 실현시키는 쉬운 방법이 있다.

절대 아이에게 공부하란 말을 하지 않는 것이다. 우리 아이가 10만큼을 공부하면 나는 8만큼만 바라면 된다. 아이는 30을 하는데 70, 80 심지어 100을 원하면 그때부터 갈등과 불행이 시작된다. 내 아이에 대한 기대치를 낮추거나 져버리는 것이 쉽지 않은 것을 잘 알고 있다. 그래서 엄마 공부가 필요한 것이다.

"가수 이적의 형제들이나, 서울대 교수나, 나와 내 동생이나, 내 딸의 공통점은 모두 부모님으로부터 공부하라는 말을 단 한 번도 들은 적이 없다는 것과, 모두 서울대에 갔다는 것이다. 만약 이들의 부모가 어렸을 적부터 공부하라고 들들 볶고 스트레스를 줬다면? 아마 다들 서울대에 가기 힘들었을 것이다."

서울대학교 김주환 교수가 『그릿GRIT』 책에서 한 말이다.

'우리 아이는 원래 공부를 안 해서 공부하란 말을 안 하면 정말 아무것도 안 할 텐데… 그럼 어쩌나?' 하는 엄마들에게는 같은 책에서 김 교수가 쓴 내용으로 대답을 대신하겠다.

"물론 공부하란 소리를 안 한다고 모든 학생들이 다들 열심히 공부하지는 않을 것이다. 어차피 공부 자체가 적성에 맞지 않고 재미없어서 하기 싫어하는 학생들도 분명 있다. 이런 학생들에게는 공부하라고 강요하는 것이 더욱더 소용없는 일이다. 잔소리한다고 해서 갑자기 공부하려는 의욕이 생길 리는 만무

하니 말이다. 오히려 공부하는 척만 하게 되고, 공부에 대한 작은 관심이나 흥미마저 사라지게 하는 역효과만 낳기 쉽다. 어떤 경우라도 공부하란 잔소리는 자녀에게 도움이 되지 않는다."

## 아이를 아낌없이 지지해 주는 부모님과 아이의 회복탄력성

또 하나의 인상적인 케이스가 있다. 커서 피아니스트가 되고 싶다는 얌전하고 조용한 여학생이다. 선생님의 말을 잘 듣고 조용조용히 자신의 할일을 하는 친구였다. 어느 날 갑자기 이 친구와 어머니가 찾아왔다.

"선생님, 우리 아이가 축구를 하겠다고 해서, 대전에 있는 중학교로 전학가게 됐어요."

"네? 어머님, 갑자기 그게 무슨 말씀이세요? 축구라니요. 그것도 놀라운데 갑자기 학기 중에 전학이라니요?"

"그렇게 됐어요. 가족이 다 이사 가는 건 아니고, 제가 그렇게 하고 싶다고 하니 기숙사로 보내려고요."

야리야리한 모범생이 축구를 하겠다는 것도 놀라웠고, 아이의 결정을 존중하여 중학교 1학년이라는 나이에 여학생을 혼자 유학 보내겠다는 결정을 한 어머님도 충격이었다.

믿기지 않는 일은 일어났고 그 친구는 그렇게 원하던 축구를 하러 떠났다.

1년 정도 지난 후 그 어머님이 다시 찾아오셨다.

"선생님, 지영(가명)이가 다시 돌아오기로 했어요. 1년이나 공부를 쉬었는데 따라갈 수 있을까요?"

"네, 어머님. 그럼 축구는요?"

"1년 동안 원 없이 해봤으니 미련 없이 다시 오겠다고 하네요. 해보니까 안 맞는 걸 알겠나 봐요. 공부하는 게 그래도 쉽죠. 하하."

다시 돌아온 이 친구는 1년간의 공백을 메우기 위해 다른 아이들의 2~3배의 노력을 기울였다. 혼자 타지에서 지내면서 운동을 하자면 얼마나 힘들었겠는가? 결국 돌아오기를 선택한 아이는 몇 년 간 열심히 공부만 한 아이들을 따라잡았다. 아니 오히려 그 아이들보다 2배 더 성장했다. 이 모든 것을 처음부터 끝까지 지켜본 나는 가슴이 뭉클했다.

만약 내가 엄마라면 어땠을까? 나라면 이 아이를 100% 믿을 수 있었을까? 내 아이의 선택이 무엇이든지 간에 그것을 존중하고 오롯이 지지할 수 있었을까?

운동을 선택하는 것도 쉬운 일이 아닌데 그렇게 고집을 부려서 전학까지 가서 다시 돌아왔을 때 아이의 심정이 어땠을까? 내가 좋아서 선택한 세상도 겁이 나고, 다시 돌아올 세상도 겁이 났을 것이다. 회복탄력성이 없다면 쉬이 일어나지 못했을 것이다.

"부모가 자식을 신뢰하면 자식은 결코 부모를 속이지 않는다. 믿는 척해서는 안 되고 그냥 100%를 믿어야 한다. 사람은 상대가 나를 믿는지 안 믿는지를 감지할 수 있는 놀라운 능력을 지녔다. 부모 자식 사이도 마찬가지다. 자식을 신뢰하면 자식은 부모를 신뢰하고, 자식을 존중하는 마음으로 키우면 자식 역시 부모를 진심으로 존경하기 마련이다."

(김주환, 『그릿』)

아이가 자신의 의견을 드러내고 부모를 설득할 수 있는 환경, 그 아이를 믿어주는 마음, 실패를 딛고 일어서는 힘, 아이가 다시 일어설 수 있게 품어주는 부모의 마음, 이 모든 것이 복합적으로 작용한 것이다.

### 스스로 신나서 즐기는 공부

지금은 육군사관학교의 생도인 내 오랜 제자의 이야기다.

중1에 처음 만난 이 아이는 공부를 설렁설렁하는 듯 보이는데 성적이 잘 나왔다. 현표의 친구들도 맨날 노는 것 같은데 성적은 잘 받는다면서 부러워했다. 공부할 때는 짧은 시간을 해도 집중해서 하기 때문에 남들 눈에는 그렇게 보이는 것도 이해가 된다.

영어에 관심이 많고 좋아해서 외고 입시를 준비하여 합격했다. 고등학교에 가서는 타고난 호인 기질을 발휘하여 교내 밴드, 학교 홍보지 모델 등 교내 활동을 열심히 참여하느라 성적이 원하는 만큼 나오지 않았던 것 같다. 졸업 후 찾아올 만한데도 소식이 없기에 동생을 통해 알아보니 재수를 결정했다고 한다.

아이의 부모님도 공부하라고 닦달하는 분들이 아니었다. 물론 마음속으로는 좀 더 공부를 잘했으면 좋겠다는 생각이 없는 부모가 어디 있을까마는, 아이들 앞에서는 그다지 드러내지 않는 분들이셨다. 또한 늘 아이들과 대화하고 이야기를 잘 들어주는 분들이셨다.

현표가 재수를 결정했다기에 나는 내심 걱정이 앞섰다. 부모님께서는 흔쾌히 동의하고 지지해 주셨다고 한다. 이 역시 쉽지는 않은 일이다.

'여학생들에게 인기도 많은 녀석인데, 공부에 집중 못하고 연애나 하고 그럼 어쩌나?'

수시모집 발표가 한창인 시즌에 갑작스럽게 학원으로 젊은 남자가 찾아왔다.

"선생님, 늦게 찾아와서 죄송해요."

이제는 아이라고 부를 수 없는 제자를 반기고 그간의 이야기를 들었다.

"그냥 경험 삼아 한번 시험을 봤는데 합격했어요."

"육군사관학교에 덜컥 합격하고는 그런 말 하면 사람들이 욕해."

"쌤, 근데 정말 시험 문제가 신기했어요. 제가 진짜 운이 좋았죠. 다 제가 평소에 애들이랑 얘기하고 생각해 봤던 문제가 나왔어요."

고3때의 노력이 좀 부족했다는 판단으로 재수를 결정하고 열심히 공부하고 준비했다고 한다. 육군사관학교는 면접을 까다롭게 몇 차례에 걸쳐 보는데, 별다른 면접 준비도 없이 갔다가 합격을 해서 본인도 좀 당황했다고 했다. 어떤 질문이 있었냐고 물어보고 한참을 무용담을 듣던 내가 말했다.

"쌤은 네가 운이 좋았다고 생각 안 해. 넌 아마 다른 문제가 나왔어도 '어, 이거 내가 평소에 생각해 봤던 문제네' 했을 거야."

"그게 무슨 말씀이세요?"

"네가 평소에 책 읽는 것도 좋아하고 시사 이슈에 대해 사람들과 토론하는 것도 좋아했잖아. 그러니까 논술 문제나, 그런 시사면접에서 네 생각을 조리 있게 얘기할 수 있었던 거야. 그건 다 운이 아니고 실력이야."

이 아이들의 공통점이 뭐라고 생각하는가?

"그릿은 자신이 세운 목표를 위해 꾸준히 노력할 수 있는 능력을 말한다. 그릿은 스스로에게 동기와 에너지를 부여할 수 있는 힘, 즉 '자기 동기력'과 목표를 향해 끈기 있게 전진할 수 있도록 스스로를 조절하는 힘, 즉 '자기 조절력'으로 이루어진다."

(김주환, 『그릿』)

이 아이들에게는 그릿이 있었다.

내 눈에는 김주환 교수가 말한 그릿 이외에도 한 가지 더 공통점이 보였다. 바로 아이를 완전히 믿어 주고 지지해 주는 부모이다.

아이들은 어쩌면 타고났을 수도 있다. 하지만 이 아이들이 이 엄마들을 만나지 못했다면, 그래도 같은 결과가 나왔을지는 장담할 수 없다.

**Step1.** 그릿GRIT이란 무엇인가?

인간의 능력은 인지능력과 비인지능력으로 구분된다.
인지능력은 쉽게 말해 지능, 재능 등 타고난 능력으로 알려져 있다.
비인지능력은 끈기, 열정, 집념 등 우리가 수치화할 수 없지만 전체 능력에 영향을 미치는 것들이다.
그릿은 비인지 영역으로 타고나지 못했지만 '노력할 수 있는 능력'이라 할 수 있다.

| | | |
|---|---|---|
| G | 능력성장의 믿음(Growth Mindset) | 능력은 정해진 것이 아니라 스스로 노력하면 얼마든지 성장할 수 있다고 믿는 마음 |
| R | *회복탄력성 (Resilience) | 역경과 어려움을 통해 실패를 경험했더라도 다시 일어설 수 있는 힘 |
| I | 내재동기 (Intrinsic Motivation) | 누가 시켜서 하는 것이 아니라 내 안에서 피어올라 스스로 자신이 하는 일 자체에 재미를 느끼는 것 |
| T | 끈기 (Tenacity) | 목표가 있다면 포기하지 않고 끝까지 매달리고 도전하는 힘과 용기 |

Step2. 그릿GRIT 적용하기

'그릿을 바로 내 아이에게 적용해야지'라고 생각하지 말고 나부터 그릿을 갖추려고 합니다. 엄마가 그릿을 가지고 있다면 아이는 당연히 저절로 배웁니다. 다음과 같이 적고 말해 봅니다.

1) 나는 현재의 능력이 고정된 것이·아니라는 것을 안다. 그러므로 나는 얼마든지 성장하고 발전할 수 있다. 나는 매일매일 성장하고 있다.

2) 나는 내 꿈을 이루기 위해 노력하는 과정에서 잘 안 되고 실패하더라도 실패에서 배운다. 나는 다시 일어설 수 있다.

3) 나는 내가 무엇을 하든지 그 안에서 재미를 찾아내고 즐겁게 하는 능력을 가지고 있다. 내가 하는 일이 점점 더 재미있어진다.

4) 나는 내 꿈을 향해 가는 과정이 지루하고 힘들어도 포기하지 않는다. 그 과정을 즐기며 힘들지 않게 천천히 늘 성장하고 있다.

# 영어학원 보내지 말라는 영어학원장

매년 찬바람이 불면 신규 상담 시즌이 시작된다. 하루에도 몇 명씩 엄마들이 영어관련 상담 차 학원에 방문한다. 영어유치원을 나온 친구, 늦게 영어를 시작해 보려는 친구, 엄마 손에 이끌려 억지로 학원에 온 친구 등 다양한 학습이력을 가진 학생들과 엄마들을 만나게 된다.

그중에 몇몇은 영어교육 전문가인 내가 봐도 아이를 잘 키웠다는 생각이 드는 엄마들이 있다. 앞에서도 말했지만 나는 엄마표 영어에 실패했다. 둘째와 셋째에게는 아예 시도조차 하지 않았다. 내가 할 수 있는 영역이 아니라 생각했고, 어차피 집에서 지속적인 케어가 불가능한 상황이라 학원에 의존할 수밖에 없었다.

초등학교 2학년인 친구가 엄마와 함께 학원에 방문해서 상담을 받았다. 아이의 현재 실력을 테스트 해보고는 좀 놀랐다. 이전 학습경력이 없는 친구인데도 읽기, 쓰기, 듣기, 말하기 등 모든 영역이 골고루 잘 발달되어 있었다. 특히 놀라운 점은 학원

방문이 처음인데도 자리에 앉자마자 책꽂이에 꽂힌 영어책부터 꺼내서 몰입 독서를 시작하는 것이었다.

엄마는 나에게 전문적인 영어 상담을 원했으나 오히려 내가 궁금한 것이 더 많았다. 알고 보니 집에서 꾸준히 엄마와 영어책 읽기를 해왔다고 한다. 말하지 않아도 그간 이 엄마의 노력이 얼마나 컸는지 알 수 있었다. 이리저리 정보를 찾아 헤매고 책을 읽고 공부해서 하나하나 아이에게 적용해오고 있었다.

수년 간 학원에서 학습을 한 아이처럼 실력이 뛰어나지는 않았지만 아이는 안정감이 있어 보였다. 엄마의 무한 신뢰 속에서 스트레스 없이 책을 좋아하게 된 것이다. 종종 집에서 엄마표로 해왔다고 점검 차원에서 학원에 상담을 요청하는 경우가 있다. 대부분의 경우 엄마와 집에서 한다는 것만 다를 뿐, 과정과 결과가 크게 다르지 않다. 심지어 엄마가 아이에게 직접 학습적인 스트레스를 주고 있어서 엄마와의 관계도 무너지고 실력도 기대만 못한 경우가 허다하다.

아이가 밝고 엄마와의 관계도 좋다는 것은 그만큼 자연스럽게 즐기면서 엄마와 영어공부를 하고 있다는 뜻이었다. 아니 공부라는 말은 어울리지 않는다. 엄마와 영어로 놀았다는 표현이 맞겠다.

"어머님, 영어교수법을 좀 배우셨나요?"

"아니요, 원장님. 저도 영어를 너무 못해서 아이랑 함께 배워가고 있어요. 제가 잘하고 있는지 모르겠어요."

"아주 잘하고 계시네요. 엄마와의 관계가 제일 중요한데, 아이를 믿고 함께해 주셨다는 걸 알 수 있어요."

"네. 원장님, 그럼 어느 레벨로 가면 되나요?"

지금까지는 엄마표로 함께 해왔는데 이제부터는 좀 자신이 없어서 학원에 맡기고 싶다고 하는 어머님께 나는 이렇게 대답했다.

"아니에요, 어머님. 이 친구는 받지 않겠습니다."

"왜요? 원장님. 저희 애가 실력이 안 되나요?"

"어머님, 지금까지 너무 잘 해오셨어요. 지금 아이가 9살이니 이런 방식으로 꾸준히 10살까지 해보시고 그때 정 힘드시면 제가 도와드릴게요. 제가 봤을 때는 1~2년 정도는 충분히 함께 해주실 수 있는 분이세요."

"아이고, 등록하려고 왔는데 안 받아주실 줄은 몰랐네요. 제가 더 열심히 해봐야겠어요."

웃으면서 말씀하셨다.

사업적인 측면에서는 등록하겠다고 온 부모님을 돌려보냈으니 바보 같은 짓을 한 것이다. 하지만 이렇게 소신과 철학을 가지고 아이를 키우는 엄마들이 늘어났으면 좋겠다.

"어떤 영어책을 사느냐보다 1,000배는 중요한 게 애 처 잡지 않는 거다."

『지랄발랄 하은 맘의 불량 육아』에서 김선미 저자가 한 말이다. 사교육 없이 책 육아로 아이를 키우고 그 과정에서 엄마도 함께 성장했다고 하는 저자의 사례를 보면 당장이라도 엄마 표로 성공할 수 있을 것 같아 보인다. 나도 당장 아이용 전집을 사서 저자처럼 해봐야겠다는 생각이 일 것이다. 하지만 저자의 『닥치고 군대 육아』까지 꼼꼼하게 읽어보고 나서 시작하라고 권하고 싶다.

핵심은 책 육아나 영어 독서가 아니다. 엄마가 아이를 어떻게 바라봐 주는가가 성공적인 육아의 포인트이다. 여건이 안 돼서 학원을 보내건, 엄마표를 하건, 집에서 놀리건 간에 엄마의 기준이 확실하면 그 아이는 행복하게 자랄 수밖에 없다.

언젠가 우리나라에 더 이상 영어 사교육이 필요 없는 세상이 왔으면 좋겠다. 그 전까지는 소신과 철학을 가지고 엄마 교육과 아이들 교육에 힘써야겠다고 다짐해 본다.

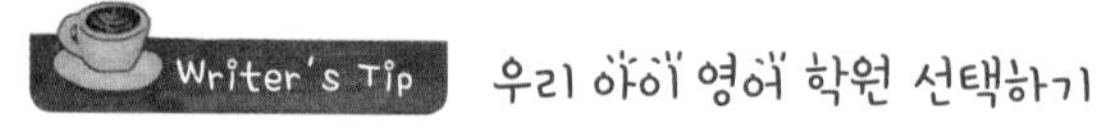


아래의 질문을 따라가다 보면 우리 아이 영어 사교육이 필요한지, 언제 필요한지, 어떤 기관을 선택해야 하는지 결정하는 데 도움이 될 수 있을 거예요.

Step1. 아이가 영어 말하기, 듣기, 쓰기 등 원어민처럼 영어를 쓰기(실용영어)를 원하나요? 학교 영어 성적(입시영어)이 잘 나오길 원하나요?

- □ 학교 성적보다는 실용영어가 더 중요하다.
- □ 아무리 말을 잘해도 학교 성적과 입시가 더 중요하다.
- □ 그래도 둘 다 잘했으면 좋겠다.

Step2. 첫 번째나 두 번째 답변을 선택하셨다면 사실 크게 고민할 필요가 없습니다. 소신대로 맡는 교육기관을 선택하면 되니까요. 하지만 둘 다 잘하길 원하는 경우가 대부분이겠죠? 우리의 시간과 돈은 한정적이니 둘 다 얻으려면 밸런스를 잘 맞춰야겠죠?

1) 실용영어에 집중하는 기간과 시기를 적어봅니다.

2) 입시영어를 준비하는 시작 시기를 생각해 봅니다.

3) 실용영어에 집중하는 기간 및 시기와 입시영어 시작 시기를 맞춰서 우리 아이만의 영어학습 로드맵을 만들어 봅니다.

# 엄마의 마음으로 성공하라

엄마라서, 여자라서 못하는 일은 없다. 성공에 관해서라면 더욱 그렇다. 오히려 엄마이기 때문에 성공할 수 있는 확률이 더 높다. 성공에 대한 정의는 사람마다 다를 수 있다. 아이와 남편을 잘 돌보는 삶에서 행복을 느끼면 그것도 성공이며, 직장이나 사회에서 인정받는 것에 삶의 목표를 둔다면 그것 또한 성공이다.

하지만 여기에서는 일반적인 의미의 성공, 즉 사회적·경제적으로 성공하는 것에 대해 얘기하고자 한다.

엄마로서의 삶과 직업인으로서의 삶을 모두 완벽하게 잘하는 것은 불가능하다. 주변이나 미디어에 그렇게 보이는 사람들은 말 그대로 그렇게 보일 뿐이다. 나 역시도 그랬다. 아이를 키우며 직장생활을 하는 것도 쉽지 않은데 사업을 한다는 것은 하루하루가 전쟁터였다. 하지만 현재의 상황을 있는 그대로 받아들인다면 길은 있다.

처음 어학원을 오픈했을 당시 나는 미취학 아동의 엄마라서 내 고객들의 마음을 잘 이해하지 못했다. 영어를 공부하러 왔으면 잘 배우고 가면 그만이지 왜 자꾸만 옆집 애랑 비교를 하는지, 또 옆집 애보다 한 단계 레벨이 높고 낮음이 뭐가 그렇게 중요한지 공감할 수 없었다.

엄마들이 조금 더 자신의 아이에 신경을 더 써주길 원했지만 실제로는 그럴지언정 "다른 아이들과 똑같이 공평하게 대합니다."라고 밖에 대응하지 못했다. 나로서는 그것이 교육자로서의 자존심이었다.

큰아이 학령기가 되자 나도 다른 학원에 아이를 보내는 학부모가 되었다. 음악에 관심 있어 하기에 5세부터 놀이 삼아 배우라고 피아노 학원에 보냈다. 초등학생이 되자 친구가 내 아이의 피아노 레벨을 물었다. 그제야 아이가 배우는 책 제목을 찾아보았다.

"어머, 우리 애는 배운 지 6개월째인데 그것보다 레벨이 훨씬 높은데. 너는 3년을 보냈다면서? 그 학원 좀 문제 있는 거 아니니? 잘 좀 알아봐."

그 말을 듣고 깜짝 놀란 나는 아이가 다니는 피아노 학원에 찾아갔다. 교재를 보여 달라는 둥, 왜 진도가 이렇게 늦냐는 둥 원장 선생님과 상담을 하다가 나에게서 우리 학원에 찾아왔던 엄마들의 모습을 보았다.

그때부터 평범한 학부모의 입장이 절절히 이해되기 시작했다. 나는 피아노에 대해 잘 모르는데 선생님들이 제대로 안 가르쳐주면 어쩌나? 다른 아이 신경 쓰느라 내 아이는 내팽개쳐 두는 건 아닐까? 전문가라고 그냥 믿고 맡기기만 해도 될까? 그런 엄마들의 마음이 보이기 시작한 것이다.

그 이후로 나는 우리 학원의 모든 프로그램과 커리큘럼을 재정비했다. 엄마의 마음으로 하나하나 다시 꼼꼼하게 살폈다. 영어를 배우러 왔지만 그 이상으로 아이들이 더 많이 얻어가게 하려고 애썼다. 엄마의 마음으로 보니 하나하나 눈에 들어왔다.

지금은 영어프로그램을 활용해서 아이들의 인성과 말하는 습관도 바꿀 수 있는 긍정 언어 프로젝트를 진행하고 있다. 긍정 언어를 영어로 배우고 표현함으로써 아이들의 영어 능력과 언어 습관까지 바꾸는 프로젝트이다. 아이들에게 매일매일 양파를 관찰하게 하고 긍정 확언을 영어로 표현하게 해야겠다는 엄마 마음이 없다면 나올 수 없는 프로젝트였다. 좀 더 많은 아이들이 집에서도 사용할 수 있게 하려는 마음에 유튜브* 채널도 개설했다.

*유튜브 영자감TV: http://bit.ly/0jagam

엄마 마음을 이용한 비즈니스 성공 사례가 있다.

차량 공유 서비스인 '우버'를 들어본 적 있는가? 해외에 나갈 때마다 안전하고 편해서 택시 대용으로 자주 사용하는 편이다. 그런데 최근에 아이들을 데려다 주는 차량 공유 서비스가 주목

받고 있다는 기사를 읽었다.

> 홉스킵 드라이브는 3명의 워킹 맘이 미국에서 2015년에 창업했는데 2017년 매출이 2,600만 달러(약 294억 원)라고 한다. 줌이라는 회사는 두 아이의 엄마가 2016년에 시작했다. 2017년에만 50만 명의 아이들을 태워주면서 매출이 300% 증가했다. 캉고라는 회사는 보모에게 매달 웃돈을 주고 아이 픽업까지 맡겨야 했던 엄마가 2015년에 만든 회사이다.
> 엄마들이 만든 '아이들을 위한 우버'는 무엇이 다를까? 운전사뿐 아니라 차 인테리어와 부대 서비스까지 다르다. 태워주는 엄마와 타는 아이 모두 만족할 수 있다. 보모 같은 운전사만 가려 뽑고 아이의 위치를 실시간으로 확인하거나 라이브로 볼 수도 있다. 또한 아이들이 차를 타고 싶게 장난감, 동화책, 사탕 등으로 꾸미고 운전사와 친근한 대화를 나눈다고 한다.
> 〈출처: T-Times, 2018. 10. 19〉

엄마의 입장에서 불편한 부분을 개선하고자 하니 사업 아이디어가 떠오른 것이다. 이런 어마어마한 해외 사례 말고도 우리 주변에서 엄마의 경력과 능력을 십분 활용한 많은 비즈니스가 있다. 벼룩시장을 활용하여 자신이 취미활동으로 만든 물품이나 소품을 판매한다. 요즘은 SNS를 활용해서 고객이 찾아오게 만드는 시대이다. 사무실도 필요 없고 집안에 앉아서도 얼마든지 소득을 발생시킬 수 있다.

아이를 키워보거나 교육해본 경험을 바탕으로 '독서 큐레이터'나 학습지 지도 교사 등의 교육사업도 엄마들이 잘할 수 있는 업종이다.

세상의 절반은 여자이고 그중의 절반 정도는 엄마이지 않을까? 이미 엄마가 되어본 우리가 알고 있는 지식이나 경험을 충분히 상품으로 바꿀 수 있을 것이다. 내가 세 아이를 키우면서 고군분투하며 교육사업을 이끌어 온 경험으로 이 책을 쓴 것처럼 말이다.

엄마라서, 엄마이기 때문에, 엄마의 마음으로 우리는 성공할 수 있다.

## 생각해 보세요

**Step1.** 엄마라서, 나라서 잘하는 일이 무엇인가요?

잘하는 게 하나도 없다구요? 잘 생각해 보세요. 남들보다 조금이라도 잘하는 일은 반드시 있어요. 다만 내가 찾지 못할 뿐입니다.

**Step2.** 현재의 내가 잘하는 일로 다른 사람에게 어떤 도움을 줄 수 있을까요?

너무 사소한 일이라서 남에게 도움이 될 것 같지 않다구요? 이 세상 누군가는 절실히 그 부분의 도움이 필요할 거예요. 저도 이 책을 쓰기 전에 '나보다 잘나고 똑똑한 엄마들이 많은데 내 책이 무슨 도움이 되겠어?'라고 생각했어요. 하지만 다시 생각해 보니, 자기계발을 처음 시작하려고 하는 엄마들에게 아주 조금의 도움은 될 수 있겠다는 생각이 들었어요. 답은 반드시 있으니 천천히 꼭 생각해 보세요.

# 아무리 읽어도 삶은 바뀌지 않는다

나는 살기 위해서 책을 읽었다. 말 그대로 생존을 위해 독서를 선택한 것이다. 달리 무엇을 해야 할지, 어떻게 해야 할지 몰라서 그냥 책을 주워 든 것뿐이었다. 하지만 독서를 통해서 내 삶이 달라질 수 있을 것이라는 기대감이 생겼다. 나도 남들처럼 맛집 탐방도 다니고, 예쁜 옷도 사고, 좋은 차도 타고 행복한 삶을 살 수 있을 거란 기대감.

독서 자체를 통해 책 읽는 기쁨이 무엇인지, 지적으로 매일매일 성장하는 나를 보는 것이 기뻤다. 하지만 그것이 전부였다. 내 삶은 전과 크게 다르지 않다는 것을 곧 깨달았다.

"300권이나 읽었는데, 뭐가 달라졌지?"

여전히 아침마다 세 아이와 실랑이를 하고, 학원에 출근해서 선생님들과 함께 일하고, 퇴근해서 집안일을 하고, 나의 일상은 그대로였다.

물론 그간 많은 성장이 있었다. 내 꿈이 이루어진다는 것을 믿게 되었다. 학원의 목표와 비전을 정했다. 나와 우리 학원이 왜 존재해야 하는지, 어떤 가치를 제공해 줄 것인지 기준을 세울 수 있었다. 하지만 여전히 나는 부족했다. 내가 되고자 하는 모습에 비해 나는 정말이지 형편없었다.

그즈음 새벽 기상은 물론이고 독서도 해이해졌다. 자기계발서도 지루해졌다. 매번 비슷한 얘기로 우려먹는 것도 지겹고, 이래라 저래라 끝도 없이 나를 채찍질하는 것도 신물이 났다. 스트레스가 극에 달한 어느 날이다. 남편과 사소한 문제로 밤새 다투고 난 다음 날 출근길에 차를 돌려 무작정 집을 나갔다.

'이제 꿈을 가지기 시작했는데, 왜 모든 일이 점점 더 어려워지는 거지?'

'책을 읽으면 인생이 달라진다고 해서 열심히 책도 읽고 자기계발을 했는데 왜 안 풀리는 거지?'

나쁜 일은 한꺼번에 찾아왔다. 부모님과 남편 사이에서 조율해야 하는 스트레스는 줄어들 줄 몰랐다. 꿈을 믿고 야심차게 시작했던 수학학원은 결국 문을 닫아야만 했다. 교육자로서 엄마들과의 약속을 지키지 못했다는 죄책감과 주변에서 수군거리는 사람들 때문에 대인기피증이 생길 정도였다. 강사와의 문제로 법정 다툼이 벌어져 법원을 왔다 갔다 했다.

새로 뽑은 강사가 출근한 지 이틀째 되는 날이었다. 무작정 차를 끌고 나갔다. 어디 정신과 상담이라도 받아볼까 하는 마음에 길을 나섰지만 소문이 무서웠다.

"영어학원 원장이 정신과 다닌다더라."는 소문이 나는 순간 이 동네에서 학원은 더 이상 못한다고 생각했다.

'그래, 대구로 가야겠다. 대구에 가서 정신과 상담을 받아보자. 난 지금 몸도 정신도 정상이 아니야.'

막상 정신과 병원 앞에 주차를 하고는 차마 들어갈 용기가 나지 않았다. 차를 돌려 나섰지만 여전히 갈 곳이 없었다. 그러다 문득 인터넷에서 우연히 본 곳이 생각났다.

'부여에는 한 번도 가본 적이 없어. 꼭 한 번 가보고 싶었는데.'

내비게이션 상으로 두 시간 반 정도 걸리는 거리였다. 목적지가 생기니 기운이 좀 났다. 휴게소에 들러 먹을 것을 사고 운전하는 동안 들을 CD를 고르러 갔다. 그곳에서 자기계발서를 녹음한 CD를 고르고는 흠칫 놀랐다.

'습관이란 게 무섭긴 무섭구나.'

'행복은 선택하는 것이다'라는 내용으로 정신과 의사가 강연한 CD를 들으며 운전했다. 내가 없는 동안 부모님께서 아이들을 돌봐 주셔야 했기에 잠깐 쉬다 올 테니 걱정하지 마시라고 문자를 넣었다. 학원에는 전화해서 며칠 자리를 비우겠다고 해두었다. 남편에게만은 아무 말도 하지 않았다. 걱정이 된 남편이 계속 전화를 하고 문자를 해도 받지 않았다.

생각해 보니 남편에게 화가 난 것이 아니었는데 왜 그렇게 그 사람에게 화풀이를 했나 모르겠다. 늦었지만 이 자리를 빌려 그 때의 남편에게 고맙고 미안하다고 살짝 말해 본다.

부여에 도착하여 숙소를 잡고 혼자서 밥도 먹고, 커피도 마시고, 관광지에 구경도 갔다. 밤에는 숙소에 치킨과 맥주를 사와서 먹었다. 아무렇지도 않게 혼자 여행하며 하루를 보내다가 숙소에서 치킨을 먹으며 엉엉 울었다. 내가 왜 울고 있는지 몰라서 노트에 적어 보았다. 생각나는 대로 떠오르는 대로 감정을 쏟아내고 나니 좀 살 것 같았다. 치킨을 먹으면서 엉엉 대성통곡을 하는 내 모습이 갑자기 우스웠다.

하루를 보내고 집으로 돌아갈까 말까 고민하고 있는데 모르는 번호로 전화가 왔다. 계속 받지 않으니 "띵동" 하고 문자가 들어온다.

"지정화 씨, ○○경찰서 ○○○ 경장입니다. 남편 분께서 가출 신고하셨습니다. 연락 좀 주세요."

'가출 신고라니? 경찰서는 또 웬 말이야?'

깜짝 놀란 나는 경찰서로 전화를 했다.

"부부싸움 하셨나 봐요. 저희도 업무를 해야 하니 안전이 확인되시면 남편 분에게 연락 좀 해주세요. 이런 걸로 자꾸 경찰 인력 사용하시면 안 됩니다."

남편은 내가 전화를 받지 않으니 경찰에 신고를 했고, CCTV를 확인해서 내가 시외로 나가는 것을 확인했다고 한다. 단순

부부싸움인 것 같은데 신고 접수하지 말라고 말려도 남편이 막무가내였다고 한다.

'내가 어디 가서 죽을까 봐 걱정은 됐나 보네~'

하지만 경찰까지 동원한 남편에 더욱 괘씸한 생각이 들었다. 하루를 더 머물렀다. 혼자서 먹고, 혼자서 산책하고 나 자신하고만 시간을 보냈다. 그렇게 이틀을 보내고 나니 내가 고민하고 힘들어했던 문제가 무엇인지 잘 생각나지 않았다. 생각이 난다 한들 그렇게 심각하게 느껴지지도 않았다. 삶은 그냥 삶이다. 시간은 그저 흘러갔다.

갑자기 이 모든 게 너무 우스웠다. 경찰한테 전화도 받아보고 시트콤도 이렇게 재미있을 수는 없었다. 집으로 돌아가 장을 보고 가족들이 올 시간에 맞춰 요리를 해 놓고 기다렸다.

아무 일 없었다는 듯이 그렇게 다시 돌아왔다.

생각해 보니 집 나갈 차가 있고, 다시 돌아올 집도 있었다. 집 나가서 치맥을 시켜 먹을 돈도 있고, 마누라가 어떻게 될까 봐 경찰에 신고하는 남편도 있었다. 집 나간 동안 학원을 잘 지켜 준 선생님들도 있었고, 아이들을 돌봐 주신 부모님도 있었다. 난 참 가진 게 많은 사람이었다. 자기계발서에서 그렇게 말한 '부족한 것보다, 현재 자신이 가진 것에 집중하라'는 이럴 때 쓰는 말이었다.

다 쏟아내고 나니 또 별일 아니었다. 사람 관리에 부족한 나를 교육시키기 위해 선생님과의 껄끄러운 일들이 있었다. 준비되지 않은 상태에서 사업을 무리하게 확장해서 쓴맛을 봤다. 그렇다고 전 재산을 탕진한 것도 아니고 수학학원만 망했으니 얼마나 다행인가?

남편과 친정 부모님 사이에서 힘든 것도, 사실 내가 시댁에 들어가서 사는 것보다는 낫지 않은가?

"현재 가진 것에 감사하라."

지금껏 읽었던 수많은 책 내용 중에 이 말이 불현듯 떠올랐다.

> "독서는 단순히 글자를 읽는 것과는 달라요. 어느 시점에선 다독도 중요하죠. 하지만 그것보다 더 중요한 건 독서를 통해 생각을 변화시키고, 행동을 바꾸고, 자신이 품었던 꿈을 현실로 만들어 내는 거예요."
>
> (이지성, 『독서 천재가 된 홍대리 2』)

지금껏 너무 권수 채우기에 급급한 독서를 했던 것이다. 그간 책에서 수없이 읽었던 그 단순한 진리를 깨닫지 못했다니. 답은 책 속에 이미 다 있었다. 다만 내가 찾지 못했을 뿐이었다. 책 한 권을 읽더라도 그것을 통해 내 생각을 바꾸고 행동을 변화시켜야 한다. 독서를 습관화하기 위해 다독을 했다면 이제는 그것을 실생활로 가져올 때이다.

아무리 읽어도 삶은 바뀌지 않았다. 내 삶을 바꾼 것은 나의 결단과 행동이었다.

많은 책을 읽고 깨닫는 것도 중요하지만 실제로 적용해서 내 삶과 행동을 바꾸는 것이 더욱 중요합니다.

| 인상 깊게 읽은 책 제목 | 삶에 적용하고 싶은 구절 | 구체적인 적용방법 |
|---|---|---|
| ex)<br>『독서천재가 된 홍대리』 | 독서를 통해 생각을 변화시키고, 행동을 바꾸고, 자신이 품었던 꿈을 현실로 만들어 내라. | 독서를 하고 나면 항상 적용할 포인트 한 가지를 찾는다. 바로 행동한다.<br>독서할 때 적용 점을 메모한다. |
| | | |
| | | |
| | | |
| | | |
| | | |

4장

# 엄마, 부자의 꿈을 꾸다

# 꿈꾸는 부자 엄마

사람들은 누구나 부자가 되고 싶어 한다. 오죽하면 한때 카드사 광고 문구인 "부자 되세요"가 빅 히트를 쳤겠는가? 그런데 막상 주변에 부자 비슷한 사람을 만나게 되면 그들을 보는 우리의 시선은 어떤가? 부자라고 하면 떠오르는 이미지는 어떤 것인가?

스크루지, 놀부 등 대부분 욕심 많고 이기적이며 돈만 밝히는 캐릭터가 떠오를 것이다. 드라마를 봐도 부자들은 행복해 보이지도 않고 돈 때문에 서로 싸우기만 한다.

"부자가 되면, 나도 저렇게 이기적인 인간이 될 텐데." 하는 마음이 든다. 부자에 대한 이런 생각과 태도가 부자가 되지 못하는 가장 큰 원인이다.

『백만장자 시크릿』에서 저자 하브 에커는 이렇게 말한다.

"내가 입버릇처럼 부자고 되고 싶다고 말하면서도 실은 불안과 걱정이 항상 마음 한구석에 도사리고 있었다는 것을 알았다. 실패할까 봐 두려웠고, 성공을 하더라도 그 후에 일이

들어져서 그걸 모조리 잃게 될까 봐 두려웠다."

이미 백만장자인 저자에게도 부자와 부에 대해 부정적인 마음을 품은 시기가 있었다.

"결국 나는, 나를 부자가 되지 못하게 가로막는 것이 나 자신의 생각이라는 것을 깨달았다."

그는 이 책에서 부자들과 똑같이 생각할 수 있도록 자신의 생각을 재구성하는 실제적인 기법과 전략을 소개한다.

오래 전에 『부자아빠, 가난한 아빠』라는 책이 큰 이슈가 된 적이 있다. 대학생이던 때 그 책을 읽고는, 우리 아빠는 가난한 아빠이고 왜 그런지 알게 되었다. 내가 부모가 되어서 나중에 내 자식에게 그런 평가를 받지는 않아야겠다고 생각했다. 하지만 부자엄마가 되는 것은 그리 쉽지 않았다. 그 책을 다 읽고도 내 삶은 크게 달라지지 않았다.

책을 읽고도 변하지 않은 것은 내 생각과 행동을 바꾸겠다고 결심하지 않았기 때문이다.

"나는 이제 부자엄마가 되고자 한다."

엄마가 되고 나니, 더욱 부자가 되어야 했다. 신혼 초 몇 년간은 그렇게 좋아하던 치킨 한 번 시켜 먹기가 어려웠다. 양가 부모님의 도움 없이 대출을 받아서 임대아파트에 신혼집을 얻었다. 결혼 전 계획 없이 생긴 아이는 출산을 앞두고 있었다. 하루라도 빨리 돈을 모으지 않으면 안 되는 상황이었다.

아이가 태어나니 사주고 싶고 해주고 싶은 것이 많아졌다. 좀 더 큰 집이 필요했고 자동차도 큰 것이 필요했다. 남들 다 하는 만큼 딱 그 정도만 하고 살기를 바랄 뿐이었다.

남들 다 하는 딱 그 정도.

가끔 친구들과 분위기 좋은 카페에서 브런치를 먹으며 시간을 보내는 것, 1년에 한 번 정도는 열심히 일한 나를 위해 해외여행을 가는 것, 적당한 수준의 중형차를 모는 것, 가끔 야식으로 치맥을 먹는 것, 친구들과 한 번씩 술자리를 가지는 것.

TV나 SNS에서 당연해 보이는 것들, 남들 다 하고 사는 그것들을 좀 누리고 살겠다는 소박한 꿈이었다. 하지만 그 소박한 꿈은 이루기가 쉽지 않았다.

주 1회 브런치 비용: 15,000원×4=6만 원/월
연 1회 해외여행 비용: 150~200만 원/12=15~20만 원/월
중형차 유지비: 월 50만 원
치맥 월 2회: 6만 원
친구들과 술자리 월 2회: 약 7만 원 이상

Total: 약 80만 원

그저 남들 하는 것처럼 최소한으로 하고 사는 데만 100만 원 가까이 든다. 기본적인 생활비와 통신비는 제외한 비용이다. 평균적인 30대 직장인의 월 급여를 300만 원으로 보았을 때 30%가 넘는 금액이다.

나는 늘 내가 아껴 쓰고 산다고 생각해 왔다. 남들 하는 것만큼이 아닌, 남들 하는 것도 못하고 아끼고 산다고 말해 왔다. 그런데 내가 원하는 최소한의 사치(?)를 금액으로 환산해 보니 대충해도 이 정도 금액이 나왔다.

결혼할 때 빚을 갖고 시작한 나와 남편은 빚을 다 갚고 5년 안에 1억 원을 모으겠다는 계획을 세웠다. 남편이 회사 다닐 때 150만 원 주고 구매했다는 중고 소형차를 결혼 후 5년 동안 더 타기로 했다. 치맥은 횟수를 정하지는 않았지만 1년에 한두 번 먹을 수 있을까 말까였다.

아이가 태어나고 기저귀 값, 분유 값 등 예상 외 비용이 발생했다. 결국 5년만 타기로 했던 중고 소형차는 10년 가까이 타서 더 이상 움직이지 않을 때 폐차했다. 아이에게는 늘 남들이 입던 옷을 얻어 입히거나 중고 사이트를 이용했다.

부자가 되는 데에 왕도는 없다. 더 벌고 덜 쓰면 된다. 수천억 자산가인 김승호 회장은 영화관에서 팝콘을 먹지 않는다. 평상시 돈 주고 사먹지 않는 것을 영화관에 왔다고 해서 사먹을 이유가 없다는 것이다. 유럽에서 스시 체인을 하고 『파리에서 도

시락 파는 여자』를 쓴 켈리 최 회장은 해외 출장 때마다 공항에서 물을 사먹지 못한다고 했다. 공항 내 물값이 훨씬 비싸기 때문이다.

부자들이 검소한 이유는, 절제가 습관화되었을 때 부를 축적하기가 훨씬 쉽기 때문이다. 그들만큼 부자가 아닌, 평범한 우리는 평상시 돈을 다루는 태도를 살펴보아야 한다. 지금 현재의 만족을 위해 남들 다 하는 거라고 해서 쓸모없는 소비를 하는데 돈을 쓰고 있는 것은 아닌지 확인할 필요가 있다.

아이를 키우는 엄마로서 거창한 부의 꿈을 꾸라는 것이 아니다. 제대로 돈과 부의 속성을 이해하고 경제 전반의 흐름을 관심 있게 공부하면서 내가 현재 있는 자리에서 부의 씨앗을 서서히 키워야 한다.

자식들이 다 컸을 때 '우리 엄마는 왜 부자엄마가 아니었을까?'라고 생각하지 않도록 말이다.

나의 '남들 다 하는 딱 그 정도' 수준 점검하기

| 남들 다하는 딱 그거 | 비용(금액/월) | 필요성 재검토(Y/N) |
|---|---|---|
| | | |
| | | |
| | | |
| | | |
| | | |
| | | |
| | | |
| | | |
| | | |
| total | | |

※한 달 총비용을 계산해 보고 마지막에 다시 필요성 재검토를 해보세요. 내가 '남들 다 하는 수준'으로 살기 위해 쓰는 비용이 구체적으로 얼마인지 계산해 보면 재검토가 가능해집니다.

# 4천억 부자의 제자가 되다

'간절히 바라면 이루어진다. 생각대로 이루어진다.'

『김밥 파는 CEO』와 『생각의 비밀』이란 책을 읽고, 기업가가 왜 이런 책을 썼을까 궁금해졌다. 현금 자산만 4천억이 넘는다는데 돈을 벌기 위해 책을 쓴 것은 아닌 것 같고, 성공한 부자들의 자서전 성격의 일반적인 자기계발서와는 왠지 달랐다.

단순히 '나는 이렇게 해서 돈을 벌어 부자가 되었으니 너희도 이렇게 열심히 살아라'라는 메시지가 아니었다. 한 문장으로 정리하자면 '당신이 부자가 되고 싶으면, 그렇게 생각을 해라'라고 할까?

나는 김승호 회장이 궁금해졌다. 그렇게 큰 부자는 한 번도 직접 만나 본 적이 없었다. 왠지 그분을 만나면 나도 부자가 될 수 있을 것만 같았다.

마침 대구에서 김승호 회장의 『알면서도 알지 못하는 것들』을 위한 강연이 열린다는 소식을 들었다. 주말이라 남편과 큰아이까지 동원해서 강연을 들으러 갔다. 많은 사람들 틈에서 '멀

리서나마 직접 얼굴을 봤으니 좋은 기운이 나에게 전해졌겠지' 하는 생각에 만족했다. 강연이 끝나고 사인 받으려는 사람들, 같이 사진 찍으려는 사람들에 밀려 밖으로 나왔다. 강연장 앞에 실물 크기의 김승호 회장 사진이 있었다. 남편에게 부탁해서 그 옆에서 사진 찍는 것으로 아쉬움을 달랬다.

"김승호 회장님과의 점심식사에 응모하세요"란 제목의 이벤트에도 응모했다. 내심 당첨되길 기대하면서 마치 워렌 버핏과의 식사처럼 아무리 많은 돈이 들어도 꼭 한 번 저분을 만나고 싶다고 생각했다. 며칠이 지나도 소식이 없기에 대구 강연을 기획했던 지인에게 슬며시 물어보았다.

'지난번에 그 이벤트는 결과 발표했어? 돈을 얼마 내면 돼?"

"아, 그거? 그건 좀 되기 힘들 걸. 1,000명 중 1명 정도 되는 거 같던데."

"아, 그래? 돈이 얼마가 들어도 그분이랑 밥 한 번 먹고 싶었는데."

아쉬운 마음에 내 속마음을 얘기해 버렸다.

"뭐, 그렇게까지 간절해? 근데 난 내년 3월에 그분 제자로 들어가."

"뭐? 어떻게 한 건데? 그거 나도 좀 알려줘."

내년 3월에 중앙대학교에서 시작되는 경영자과정에 김승호 회장이 지도교수로 온다는 얘기였다. 거기에 내 지인은 이미 추천을 받아서 등록 예정이었다고 한다. 나는 매일매일 전화해서 지인을 괴롭혔다.

"나도 좀 넣어 주라 그거. 나 꼭 하고 싶어."

"그거 신청한다고 된다는 보장도 없고, 추천서를 받아야 해서."

"넌 들어간다며? 네가 나를 추천해주면 되잖아."

결국 설득을 해서 지인의 추천을 받아 입학원서를 제출했다. 그런데 면접이 문제였다. 경쟁률도 높다는데, 더 큰 문제는 면접날짜였다.

그날은 한국대표로 선발된 학원 아이들을 데리고 중국으로 '한중 영어 교류 대회'에 참가하고 귀국하는 날이었다. 비행기 도착시간은 13:00 예정이고, 중앙대학교에서 면접은 15:30으로 잡혀 있었다. 인천공항에서 중앙대학교가 있는 흑석동까지 입국 시간을 고려해 봤을 때 대중교통으로 가능할까?

방향치에다가 거리 감각도 없는 내가 미리 계산할 수도 없고 예측한들 뭘 더 할 수 있겠는가?

그냥 마음속으로 이렇게 생각했다.

'좋아, 내가 이 면접 시간을 맞출 수 있으면 나는 합격이다. 하지만 이 시간을 못 맞춘다면 나는 아직 그런 사람을 만나고 배울 준비가 안 되었다고 그냥 쿨 하게 생각하자.'

면접 당일 중국발 비행기는 20분이나 연착을 했다. 짐을 찾고 아이들과 내 캐리어를 함께 온 학부모님께 맡기고 뛰기 시작했다. 공항철도 타는 곳을 물어물어 헤매지 않고 도착했다. 표를 끊고 보니 중간에 환승을 한 번 해야 했다. 어떤 환승역은 한참을 걸어가야 하는 곳도 있다 보니 마음이 급해졌다. 시간을 줄여야 했다.

환승역에서 갈아타는 곳을 찾으려고 두리번거렸다. 빨리 움직이지 않으면 시간을 맞출 수 없을 것 같았다. 갈아타는 곳을 발견한 나는 깜짝 놀랐다. 바로 내가 내린 그 자리에서 다음에 오는 열차를 기다리기만 하면 되는 것이었다.

벌써 2시 40분. 바로 연결해서 갈아타면 승산은 있었다. 중앙대학교가 있는 흑석역까지 가는 동안 달릴 만반의 준비를 했다.

지하철 도착, 이제는 달릴 시간이다. 나는 운동을 싫어하는 사람이었다. 특히 달리기는 정말정말 싫다. 지금은 운동을 매일 하지만 가능한 달리기는 피하고 근력 위주로 할 정도다. 하지만 나는 달릴 준비가 되어 있었다.

2번 출구가 보인다.

달린다. 처음 만나는 사람에게 소리친다. 가능한 대학생처럼 보이는 사람을 골라야 한다.

"중앙대 정문 제일 빨리 가려면 어디로 가야 해요?"

"이쪽이요? 몇 분 걸려요?" 헐레벌떡 뛰기를 멈추지 않고 묻는 나에게, 그 학생도 얼른 대답해 준다.

"10~15분 정도요."

면접시간까지는 15분 남았다.

뛴다.

또 뛴다.

'아차, 면접 장소. 건물 이름은 들었지만 혹시나 정문에서 많이 멀면?'

일단 뛴다. 정문에 도착하니 숨이 턱까지 차올라 헉헉거렸다.

5분 남았다.

지도를 보니 바로 첫 번째에 있는 건물이다.

야호!

면접 장소는 3층이었다.

쉬지 않고 달렸다. 면접장 앞에 도착하니 2분 전이었다.

숨이 너무 안 쉬어져서 정상적인 면접을 할 때까지 숨 고르기 하는 시간을 10분 가졌다. 면접 결과는 당연히(?) 합격이었다.

나는 이 일을 학생들에게 여러 번 이야기해 주었다. 내가 4천억 자산가의 제자가 될 수 있는 확률은 얼마나 될까? 내가 중간에 포기했다면? 아니 혹시 안 될까 봐 너무 전전긍긍하고 욕심을 냈다면 어떻게 되었을까?

과정을 정리해 보면 다음과 같다.

①꿈을 꾼다.

(4천억 부자인 김승호 회장님을 만나고 싶어.)

②꿈이 이루어진 것을 떠올려 기분 좋은 상상을 한다.

(그분과 식사를 하면 얼마나 좋을까? 나에게도 부의 기운이 전해지겠지? 무슨 말을 할까?)

③꿈을 위해 실행한다.

(기회의 가능성을 잡으면 놓치지 않는다. 김승호 회장 강연엘 가고, 지인에게 졸라 입학신청서를 얻었다.)

④포기하지 않는다.

(비행기가 연착해도, 공항철도 타는 곳을 몰라도 포기하지 않았다. 계속 뛰었다.)

⑤설사 지금 이루어지지 않았다고 해도 결코 실망하지 않는다.

(다음 기회를 노린다. 이번은 때가 아니라고 생각하고, 절망하지 않는다.)

가장 중요한 과정은 1번과 5번이라고 말하고 싶다. 일단 꿈이 생겨야 한다. 그런데 꿈을 향해 가는 과정에서 우리는 반드시 실패를 경험한다. 그리고 실패한 그 순간 그만두면 그 일은 실패한 채로 끝이 난다.

너무나 간절한 꿈이었다면 속상해서 좌절할 수도 있을 것이다. 나도 그랬다. 수많은 꿈을 만들고 그것을 이루는 과정에서 생각한 대로 이루어진 것보다 안 된 것이 더 많았다. 그럴 때마다 '난 왜 안 되지? 책에서는 다 된다고 했는데' 하는 생각에 좌절감을 겪기도 하고 자존감이 떨어지기도 했다.

어떤 꿈은 너무 간절해서 집착하기도 했다. 『생각의 비밀』이란 책에서 나온 것처럼 꿈을 정하고 100일 동안 100번을 썼다. 그것을 해서 김승호 회장님은 원하는 모든 것을 다 이루었다고 했다. 94일째 되는 날, 나는 이미 그것이 이루어지지 않을 것을 알았다. 6일을 더 쓴다고 해도 시기상 이루어질 수 없는 일이었다.

너무 간절하다 보니 집착을 하게 되고 집착하면 욕심이 생긴다. 그러면 일이 제대로 되지 않는다. '꼭 이렇게 돼야 해' 하는 욕심 가득한 꿈이 이루어지지 않은 경험들이 있을 것이다.

"열망의 척도가 성공의 척도다. 따라서 강한 열망은 더욱더 확실한 성취를 약속한다. 나는 여러분의 열망이 합리적이고 이성적인 것이라면 그것을 이룰 수 있는 간단한 물리적 공식을 알려줄 수 있다. 공식은 다음과 같다.
'원하는 것을 소리 내어 하루에 100번씩 100일 동안 내뱉는 것'이다."(김승호, 『김밥 파는 CEO』)

나는 존경하는 스승님의 이 글에 한 줄을 더 보태고 싶다.

'욕심이 곧 열망이라고 착각하지 마라. 욕심은 열망이 아니다. 열망을 가지되 욕심은 버려야 한다. 그러면 반드시 이루어진다.'

그때 내가 100번 쓰기에 실패했던 꿈은 '엄마들을 위한 자기계발서를 써서 베스트셀러 작가가 된다'였다. 어떤가? 지금 이 글이 독자들에게 읽히고 있다면 내 책은 출판이 된 것이니 증명이 되었다. 베스트셀러 부분은 잘 모르겠다. 열망은 있지만 욕심은 없다.

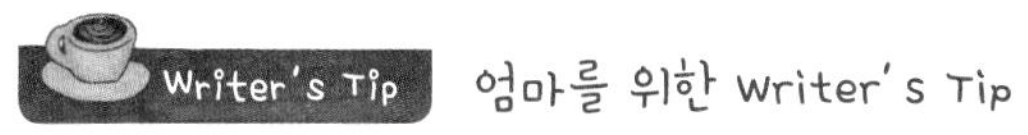


엄마를 위한 Writer's Tip

Step1. 엄마도 이루고 싶은 꿈을 적어 봅니다.

Step2. 100일 동안 100번씩 적거나 소리 내어 읽어 봅니다.

Step3. 욕심은 버리고 열망은 가지겠다고 말해 봅니다.

# 내가 다 할 수 없다는 것을 인정하기

세 아이를 키우며 20명이 넘는 직원을 데리고 일하는 나를 보고 사람들은 '그 많은 일을 다 어떻게 해내느냐'고 묻는다. 물론 쉬운 일은 아니다. 하지만 어려울 것도 없다.

엄마들은 남편들이 얼마나 애를 잘 못 보는지 알 것이다. 똑같이 초보 엄마, 초보 아빠로 시작했지만 그들이 육아하는 방식은 초보인 내가 봐도 못 봐줄 노릇이니 결혼 초에 육아로 다툼이 많은 것이 당연하다. 나 역시 세 아이를 낳아 키우면서 남편과 육아를 분담해야만 했다. 그런데 무던한 성격인 내가 봐도 남편이란 존재는 믿고 아이를 맡길 대상이 아니었다.

하루는 주말에 일하러 나가야 하는 상황이 되어 어쩔 수 없이 세 아이를 남편에게 맡기고 출근했다.

"내가 알아서 할 테니 자기는 일이나 열심히 하고 와."

"분유는 여기 있고, 애들 라면 먹이지 말고, TV 하루 종일 보여주지 말고."

신신당부를 해놓고도 발걸음이 떨어지지 않았지만 어쩔 수 없었다. 당장 주말 동안 처리해야 할 일이 산더미였다. 막내가 아직 돌도 되기 전이라 불안했다. 하지만 애써 그 마음을 누르고 업무에 집중했다. 최대한 빨리 끝내고 퇴근하는 수밖에 없었다.

점심도 거르고 일하다 김밥 한 줄 사려고 학원 상가에 있는 분식점을 찾았다. 집이 근처라 평소에 아이들과 남편과도 자주 왔던 집이다.

"남편 분이 애기들이랑 점심 먹으러 왔었어." 사장님이 반기며 얘기하셨다.

"아, 그랬어요? 제가 오늘 일이 좀 많아서 맡겼어요. 애들 점심 먹이러 나왔나 봐요."

"아, 근데 막내 딸내미 기저귀가 탱탱 불어 가지고 있던데. 바지도 안 입히고 유모차 태워 왔더라고."

아니, 이건 또 무슨 소리인가?

"내가 안돼 보여서 기저귀 가져온 거 있으면 갈아주려고 했더니만, 기저귀도 안 가지고 나왔더라고."

오 마이 갓. 하나밖에 없는 소중한 딸을 바지도 안 입히고 기저귀 바람으로 데리고 나오다니. 차라리 그냥 집에서 라면이나 끓여 먹이지.

"애들 엄마는 어쩌고 이러고 있냐고 했더니, 도망간 건 아니니 걱정하지 말라는 거야. 얼마나 웃었다고."

"하하… 하."

'사장님은 그냥 웃어넘길 에피소드인지 몰라도 저는 지금 심각하다구요.' 웃지도 울지도 못하고 얼른 집으로 간 기억이 난다.

이런 일을 몇 번 겪고 그 일로 남편과 싸우다 싸우다 지쳐서 얻게 된 결론은 이것이다.

'내가 애를 돌볼 수 없다면, 보는 사람에게 전적으로 맡긴다. 난 아무것도 모른다.' 눈 막고 귀 막고 그냥 그 사람에게 맡기자. 그렇지 않고 내가 다 하려면 그것이 더 힘들다는 결론이었다.

집안일도 마찬가지였다. 남편에게 집안청소를 시키면 바닥만 열심히 닦는다. 책상 위 정리나 이불 정리, 아이들 장난감 정리, 책 정리 등은 일체 하지 않는다. 그냥 바닥에 온갖 물건들을 모조리 둘둘 말아 침대 위나 소파 위에 던져놓고 바닥을 쓸고 닦는 것이 전부다. 정리는 모두 내 몫이다. 잔소리와 다툼에 지친 나는 마침내 그냥 받아들이기로 했다. 정리가 안 되면 안 되는 대로 살아야 내가 살았다.

그 결과 아이들이 크는 내내 집안은 그냥 엉망인 상태였다. 결혼 10년이 넘는 기간 동안 집에 아무도 초대할 수 없었던 것의 가장 큰 이유가 이것이다. 하지만 청소 때문에는 더 이상 싸우지 않았다. 내가 다 할 수 없는데 안달복달한들 뭐가 좋겠는가? 결혼 15년차가 되니 청소와 육아로 깨달음을 얻는 경지에 이른 것이다.

사실 이렇게 어느 정도 포기하는 것은 경영에도 필요한 일이다. 우리 학원에서 내가 제일 잘 가르치는 강사이다. 이것은 당연한 일이다. 내 사업이니 내가 가장 열심히 하고, 또 나이도 제일 많고 경력도 가장 많기 때문이다.

하지만 직원들과 선생님들이 할 일을 내가 다 할 수는 없다. 그래서 하나하나씩 위임하기 시작했다. 물론 처음에는 선생님들도 부담스러워하고 걱정을 했다. 나도 내심 '맡겨서 잘 될까?' 하는 의심이 들기도 했다.

'아직은 역량이 부족한데, 이 일을 시켜도 될까?'

'그냥 내가 다 할까?'

이랬다저랬다 수십 번 마음을 바꿔가며 고민을 했다. 하지만 결론은 하나였다. '내가 모든 것을 다 할 수는 없다.'

불안한 마음으로 직원들을 보고 있으면 그들은 100% 내 맘에 차지 않는다. 나는 남편에게 했듯이 그냥 위임했다. 그리고 어느 정도 마음에서 포기를 했다. 당연히 나만큼 하지 못한다는 것을 받아들이고 인정했다.

처음에는 불안해하고 실수를 많이 하던 직원들이 어느 정도 시간이 지나자 스스로 배우기 시작했다. 그러면서 자신들의 일에 대한 성취도는 높아져갔다. 어떤 때는 나보다 더 좋은, 내가 생각할 수 없었던 아이디어를 내기도 했다.

『노자도덕경老子道德經』 17장에 이런 구절이 있다.

"가장 훌륭한 군주는 백성들이 다만 임금이 있다는 것만을 알 뿐이다.
그 다음의 군주는 백성들이 친근감을 가지며 그를 칭찬한다.
그 다음의 군주는 백성들이 그를 두려워한다.
그 다음의 군주는 백성들이 그를 업신여긴다.
(太上 下知有之 其次 親而譽之 其次 畏之 其次 侮之)"

사실 위에서 말한 노자사상을 육아와 일상에도 적용할 수 있을 것 같다.

"가장 훌륭한 엄마는 아이들이 다만 엄마가 있다는 것만을 알 뿐이다. 그 다음의 엄마는 아이들이 친근감을 가지며 그를 사랑한다. 그 다음의 엄마는 아이들이 그를 두려워한다. 그 다음의 엄마는 아이들이 그를 업신여긴다."

그저 말장난처럼 보일지도 모른다. 하지만 사춘기 자녀들에게 무시당하는 엄마들이 얼마나 많은가? 많은 아이들이 엄마를 두려워한다. 엄마와 친구처럼 지내며 모든 일을 공유하는 아이들도 있다. 이런 엄마가 최고의 엄마일까?

가장 훌륭한 엄마는 언제나 뒷배처럼 든든히 아이들을 지키고 묵묵히 바라봐주는 엄마다. 아이들이 스스로 문제를 해결하고 성취감을 느낄 수 있게 기회를 주고, 실패를 한다고 해도 스스로 다시 일어설 수 있도록 가만히 응원해주고 지켜봐주는 것이다.

아이들에게 모든 것을 다 해주려고 할 필요도 없고 그래서도 안 된다. 위임하고 책임을 주고 직접 하게 하라. 육아와 사업 두 마리 토끼를 다 잡는 나의 비법이다.

## 나의 위임 리스트 작성

지금 내가 하고 있는 일 중 나를 너무 힘들게 하는 일, 과다한 일을 위임할 만한 사람을 찾아보고 실제로 위임을 해 봅시다.

| 내가 하는 일 | 위임 가능 여부 (꼭 내가 해야만 하는 일인가?) | 누구에게 위임할 것인가?(가장 적합한 인물 찾기) | 언제, 어떻게 |
|---|---|---|---|
| ex1) 주말 점심 설거지 | 가능 | 장남 | 주말 설거지는 집안일 포인트 2배 적립 |
| ex2) 책장 정리 | 가능 | 아이들 | 규칙으로 정할 것 할 때마다 폭풍 칭찬하기 |
| ex3) 세차 | 가능 | 남편 | 남편에게 애교 있게 부탁하고 폭풍 칭찬하기 |
| | | | |
| | | | |
| | | | |
| | | | |

※어떻게 위임할지 막막한 엄마들을 위해 제가 지금 사용하고 있는 위임리스트를 공유합니다. 하다 보면 위임의 매력에 푹 빠지실 거예요.

※위임을 통해서 삶의 질을 높이고 나를 위한 시간을 늘리세요.

# 품위 있는 엄마

김희선이라는 배우가 40대라는 것이 무색한 몸매와 얼굴로 "품위 있는 그녀"라는 드라마에 출연했다. 품위 있는 여자라니, 이 얼마나 매력적인 말인가? 20대 때에는 품위라는 단어가 약간 '나이든 사람'에게나 어울리는 말로 느껴졌다. 하지만 어느 순간부터 나도 왠지 품위를 갖추고 싶어졌다. 그것이 나이가 들었다는 증거라 해도(?) 품위 있게만 된다면야.

품위 있는 여자 하면 연예인 중에서 김희애 씨가 떠오른다. 지금껏 그녀가 맡아온 캐릭터도 지적이고 우아하고, 중년의 나이에도 여성스러움을 잃지 않았다. 한 번은 그녀가 팜 파탈 femme fatale 역할을 맡은 드라마가 있었는데, 불륜의 중심에 있는 그 와중에도 그녀는 품위 있어 보였다.

나도 이제 중년에 들어서니 김희애 씨처럼, 또 드라마 속 김희선 씨처럼 품위 있는 여자가 되고 싶다. 그렇다면 품위 있다는 것은 어떤 의미일까?

품위品位: 사람이 갖추어야 할 위엄이나 기품.

사전을 찾아보니 그 느낌은 대충 알겠지만 정확하게 어떻게 해야 품위를 갖추는 것인지 모르겠다.

위엄威嚴: 태도나 말이 남을 꼼짝 못하게 할 만큼 기운이 있고 빈틈이 없음.

기품氣品: 고상하고 독특한 분위기 또는 독특한 품위나 품격을 가리켜 이르는 말이다.

즉, 품위란 사람이 고상하고 독특한 분위기를 가지며, 태도나 말이 기운이 있고 빈틈이 없는 상태를 말한다.

이 중에서 고상하고 독특한 분위기는 어떻게 가져야 하는지 모르겠다. 하지만 태도와 말을 기운 있게 하고 빈틈없게 보이는 것은 할 수 있을 것 같다. 분위기는 당장 바꿀 수 없는 것이지만 태도와 말은 나에게 달린 것이기 때문이다.

멀리 연예인에서 품위를 찾을 것도 없다. 학원을 오래 하다 보니 수백, 수천 명의 엄마들을 만나봤다. 학원에 들어서는 순간부터 걸음걸이만 보아도 품위 여부를 알 수 있다. 돈이 많다고 해서, 아이가 공부를 잘한다고 해서 저절로 품위가 생기는 것이 아니다. 명품을 휘감지 않았어도 학원 상담 시 데스크 직원을 대하는 태도부터 품위 있는 엄마는 구분된다.

품위 있는 엄마는 학원 쇼핑을 하지 않는다. 대신 정확하게 정보를 얻으러 온 것이 보인다. 상담자의 말을 귀담아 듣고 "설명해주셔서 감사합니다" 혹은 "시간 내주셔서 감사합니다" 하고 상담 그 자체에 대해 감사를 전한다. 누가 다닌다고 해서, 성과가 좋다고 해서 바로 학원을 결정하는 법도 없다. 내 아이에게 잘 맞을지 숙고해본 다음에 선택한다. 그런 엄마들의 아이는 십중팔구 태도 면이나 학습 면에서 모두 우수했다.

가끔 학원에서 직원이나 강사들이 실수할 때가 있다. 전달이 잘못되었거나, 연락을 미처 하지 못했거나 하는 사소한 실수들이 대부분이다. 하지만 그런 일을 대하는 엄마들의 태도는 천차만별이다. 물론 소중한 내 아이와 관련된 일이다 보니 속상한 마음은 충분히 이해가 된다. 그렇다 하더라도 상담 직원을 하대하고, 잘못에 대해 인정하는데도 소리를 지르거나 화를 못 참는 엄마들을 보면 안타까운 마음이 든다. 한숨 돌리고 나서 생각해보면 그렇게 쏟아부을 일도 아닌데, 학교 선생님이라면 저렇게 했을까 하는 생각에 속상한 마음은 이루 말로 할 수 없다.

나 또한 서비스를 받는 입장에 있을 때, 사소한 일로 감정적이지 않는지 돌아보게 된다. 평온하고 아무 일 없는 상황에서 품위를 지키는 것은 그나마 쉽다. 불편한 것이나 불만이 있을 때도 조용히 내 생각을 전달하는 말과 태도를 유지하려면 어떻게 해야 할까?

"품위 있는 그녀"라는 드라마에서 '우아진'역을 맡은 김희선

씨의 연기를 보면 어떤 태도와 말을 갖추어야 하는지 알게 된다. 엄마들도 조금씩 따라 하다 보면 말과 태도에 품위가 깃들지 않을까?

우아진 어록

1. **"난 내가 정당하게 가져야 될 것만 욕심 내."**

   "넌 참 욕심이 많아"라는 말을 많이 들었다. 칭찬이라기보다는 부정적인 의미로 들린다. 하지만 내가 정당하게 욕심내는 것은 그만큼 내가 노력했다는 뜻이다. 내가 당당한 것에 대해 욕심을 내자. 더 많이 욕심내고 그것에 대해 당당해지자. 내 욕심에 책임지기 위해서라도.

2. **"난 한 번 내뱉은 말 취소 안 하고, 내가 내린 결정은 절대 번복 안 해."**

   입 밖으로 한 번 내뱉은 말을 취소하지 않고 지키는 것은 쉬운 일이 아니다. 특히 아이들에게 현재의 상황을 모면하기 위해 깊이 생각하지 않고 내뱉었다가 지키지 못하는 일들이 있다. 아무리 사소한 일이라도 내 입으로 한 말을 꼭 지킨다고 생각해 보자. 그러면 어떤 일이 생길까? 말이 줄어들게 된다. 즉, 지킬 수 있는 말만 하게 되는 것이다.

   또한, 한 번 결정을 했다면 앞뒤 가리지 말고 일단 추진해 보자. '나도 이제 엄마 계발을 시작해야지' 하고 결정했다면 다음날 아이가 아파도 일단 시작해 보자. 이래서 안 되고 저래서 안 된다고 핑계만을 대기에는 우리 생은 너무 짧다.

3. **"세탁 잘 해주셔서 너무 감사합니다. 매일 행복하세요."**

   주변 사람을 항상 존중한다. 우리는 모두 존중 받기를 원한다. 아이에게도 남편에게도 직장상사에게도. 그런데 그 기본적인 것이 잘 이루어지지 않는다. 내가 존중 받기를 원한다면 남부터, 오늘 만난 슈퍼마켓에서 계산하는 분에게부터 존중하는 말과 태도를 가져보자.

4. **"내가 저지른 짓, 내가 책임져야지."**

   내가 한 잘못을 인정하고 책임지는 것 또한 쉽지 않다. 이 정도까지 오니 참 품위 있게 살기 힘들다는 생각도 들 만하다.

   사람은 누구나 실수도 하고 실패도 한다. 아기들은 넘어져보지 않고는 걷는 법을 영원히 배울 수 없다. 실수나 실패 그 자체에 집중하기보다는 그것에서 배우고 인정하고 책임지는 것이 중요하다.

   이론적으로는 알겠는데 실천하기가 쉽지 않다고? 오늘 저녁 식사에 간을 잘 못 맞췄다면, 쿨 하게 인정하고 책임지는 것부터 시작하자. "오늘 밥을 망쳤으니 라면 먹게 해줄게"라고 한다면, 책임도 지고 아이들도 좋아할 것이다.

5. **"아침에 드는 햇살이 자신의 잠을 방해할 뿐인 불행한 사람이 얼마나 많은데요. 행복은 그 햇살 같은 거예요. 새로운 아침을**

열어 준다고 보면 한없이 고맙잖아요. 저는 그냥 세상이 내게 준 공짜를 마음껏 즐기고 살 거예요."

우아진의 삶의 태도를 보여주는 명대사다. 재벌며느리라고 인생이 늘 즐겁기만 한 것은 아니었다. 삶에서 찾아오는 고난은 그 깊이와 폭이 다르며, 그것을 느끼는 사람의 고통도 절대적인 것이 아니다. 우리에게는 별 거 아닌 것 같은 일로 누군가는 자살할 만큼의 고통을 느낄 수도 있다.

고난과 고통이 상대적인 것처럼 행복도 상대적이다. 아무리 많이 가져도 전혀 행복을 못 느끼는 사람도 있고, 사소한 것 하나에도 행복과 감사를 느끼고 사는 사람들이 있다는 것을 우리는 잘 알고 있다.

내가 그 사람이 되면 된다. 사소한 것에 행복을 느끼면 된다. 불교에서는 마음먹기에 따라 여기가 지옥이기도 하고 극락이기도 하다고 한다. 우아진처럼 긍정적인 태도로 삶을 바라보자. 행복과 동시에 품위까지 얻을 것이다.

품위 있는 엄마가 되기를 응원한다.

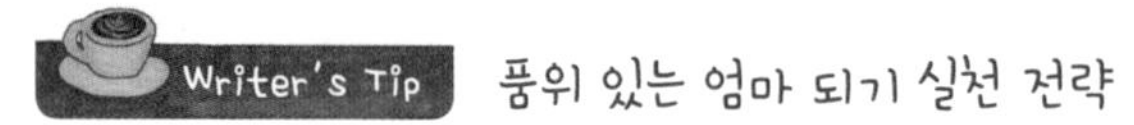


## 품위 있는 엄마 되기 실천 전략

품위 있는 엄마 포인트를 보고 내 삶의 어떤 부분에 적용할 것인지를 써보고, 그것을 말이나 문장으로 선언해 보세요.
혹은 어떤 말투를 하면 좋을지를 써보세요.
ex) 저의 예시를 참고해서 한 번 작성해 보세요.

| example | 내 삶에 적용하기 | 말로 선언해 보기 |
|---|---|---|
| 1. 당당하게 욕심내기 | 술술 잘 읽히는 엄마계발서를 써서 베스트셀러 작가가 된다. | 나는 베스트셀러 작가 지정화입니다. |
| 2. 내가 한 말은 내가 지킨다 | 아이들과 한 약속은 지킨다. | "주말에 ○○가자."라는 말을 미리 하지 않는다. "주말 되어 보고 얘기해 줄게."라고 말한다. |

| 품위 있는 엄마 포인트 | 내 삶에 적용하기 | 말로 선언해보기 |
|---|---|---|
| 1. 당당하게 욕심내기 | | |
| 2. 내가 한 말은 내가 지킨다 | | |
| 3. 존중하는 태도 | | |
| 4. 잘못을 인정하고 책임지기 | | |
| 5. 긍정적인 태도 | | |

# 더 많이 실패해야 한다

학부모들에게 "요즘 가장 큰 고민이 뭐예요?" 하고 물어봤더니, 아이가 집에서 영어 공부하는 꼴을 못 봤다고 걱정들이었다. 그래서 선생님들과 상의 결과 숙제를 좀 더 내주고 집에서도 공부하는 꼴(?)을 좀 보여드리게 하라고 했더니, 이제는 또 영어만 해서 어떻게 하느냐? 애들이 집에 와서 영어 숙제만 한다고 걱정하였다.

엄마들이 이렇게 자식들에 대한 걱정을 하는 이유는 뭘까? 당연히 자식 잘되라고 하는 것이다. 우리 아이가 세상의 쓴맛과 어려움을 좀 덜 겪었으면 하는 마음에 이래도 걱정 저래도 걱정이 아닐까 한다. 즉, 실패와 실수를 겪을까 안절부절 못하는 것이다.

세상을 먼저 살아본 선배로서, 아이가 실패의 길을 한 번이라도 덜 밟았으면 하는 것은 당연한 마음이다. 나 역시 조그만 일에도 전전긍긍하며 아이를 세상에 내놓기를 불안해했다. 사춘기가 시작된 큰아이와는 사사건건 부딪히기 일쑤였다. 실패가

뻔한 길로 아이가 걸어가는 것을 보고도 가만히 있을 수는 없었다.

발단이 된 것은 PC방이었다.

"다른 친구들은 다 PC방 간다고. 나만 못 갔어. 엄마 때문에."

"PC방 가서 뭐하게 게임밖에 더해? 게임은 지금도 집에서 충분히 하잖아."

"엄마 때문에 나만 친구들 사이에서 왕따 당할 거야."

대화는 늘 이런 식으로 마무리되곤 했다.

큰아이와의 관계에 돌파구를 찾지 못한 채로 슈퍼캠프코리아에서 운영하는 '퀀텀 교수법' 프로그램에 참가하게 되었다. 일반적인 교수법과 달리 뇌 과학 연구를 통해 온몸과 오감으로 체득하게 하는 프로그램이라 그런지 아이와의 문제는 잊어버리고 완전히 집중해서 몰입했다. 마지막 날, '메이즈 게임'이란 것을 했다. MAZE, 즉 미로를 통과하는 게임이다.

규칙은 다음과 같다.

팀원은 지도를 볼 수 없으며 바둑판처럼 생긴 메이즈의 맨 밑 칸에서 맨 위 칸으로 가야 한다. 지도가 없기에 팀원이 틀린 곳에 발을 닿았을 경우, 마스터가 "삑~" 소리로 지도를 벗어났다는 것을 알려준다. "삑~" 소리가 나면 처음 시작 지점으로 돌아와야 한다. 그런데 돌아올 때도 길을 벗어나면 "삑~" 소리와 함께 감점된다.

나는 이 게임의 교훈이 '협동'의 중요성을 가르쳐주는 것이라 생각했다. 게임이 끝나자 강사는 모두에게 이렇게 질문했다.

"혹시 첫 번째 칸에서 발을 내딛는 게 두려웠던 분 계신가요?"

아무도 대답하지 않았다. 실패하면 다시 빨리 다른 길을 찾아야 했기에 두려움 따위를 느낄 틈이 없었다.

"그럼 언제가 가장 두려웠나요?"

"마지막 한 칸을 앞두고 무엇을 선택해야 할지가 제일 힘들었어요." 모두 입을 모아 대답했다.

"첫 번째 칸에서는 실패가 두렵지 않았는데 왜 7번째 칸에서는 두려웠나요?"

"그거야 당연하죠. 첫 번째 칸에서는 금방 제자리로 돌아와 다시 시작할 수 있잖아요. 그런데 7번째 칸에서는 제자리로 돌아올 길 자체가 막막하죠. 오다가 잘못된 길로 가면 감점이고."

내 대답에 강사는 이렇게 말했다.

"바로 그것입니다.

만약 메이즈 밖에서 누군가가 친절하게 '여길 밟아', 그 다음 단계에서 '여길 밟아' 이렇게 알려주었다면 쉽게 갈 수 있겠죠? 하지만 만약에 그렇게 해서 한 번도 실패를 안 한 사람이 7번째까지 갔는데 주변에서 아무도 답을 모르면요? 그래서 실패하면 어떻게 될까요?

그 사람은 제자리로 돌아오기 힘들 겁니다. 하나하나 실수를 통해 배운 것이 아니라 외부에서 하라는 대로 가장 안전한 길만 선택했을 테니까요.

우리 아이들과 학습자를 생각해 보세요. 안전하다고, 내가 먼저 가봤다고 해서 그 길을 알려주면 아이들은 실패를 경험할 수 없습니다. 인생의 7단계 중에서 30대나 40대에 처음으로 실패를 경험한다고 생각해 보세요. 그것을 이겨내고 다시 제자리로 돌아와 시작할 수 있을까요?

실패를 경험하게 해주세요. 직접 선택하게 해주세요."

강사의 말이 머리를 강하게 때렸다. 내가 알고, 가본 길이라고, 밖에서 보기에는 쉬워 보인다. 메이즈 안에 있는 아이나, 직원들이 답답하게 느껴지기도 했다. 저걸 왜 못하지? 답이 저건데 왜 저 길로 가? 그럴 때마다 이 길이 맞다고 알려주었다.

'어차피 틀릴 건데 그 길로는 왜 가? 시간낭비일 뿐이야'라는 생각이었다.

하지만 언젠가는 내가 알려줄 수 없는 새로운 길을 가야 할 때가 온다. 그러면 정답지가 없는 아이는 어떻게 할 것인가? 7번째 칸에서 처음으로 실패를 경험해 본 아이는 그것을 딛고 일어서기가 쉽지 않을 것이다.

아이가 실패하게 해야 한다. 아이의 실패는 돈으로 살 수 없는 귀중한 경험이다. 더 많이 더 일찍 실패하라고 등을 두드려

주어야 한다. 실패했다는 것은 진 게 아니다. 오히려 이것이 바른 길이 아니란 것을 배우는 과정이다.

2399, 전구를 발명하기까지 에디슨이 실패한 횟수이다.

"나는 단 한 번도 실패한 적이 없다. 전구에 불이 안 들어오는 2,399개의 이유를 알았을 뿐이다."

천재 발명가 에디슨은 실패 자체가 성공임을 알고 있었던 것이다.

엄마들이여, 이제 그만 걱정하자. 아니, 오히려 아이가 실패하지 않음을 걱정하자. 그리고 항상 밖에서 사랑스러운 눈빛으로 응원해 주자. 아이가 용기를 내 일어나서 처음의 자리로 돌아와 다시 시작할 수 있도록 그저 따뜻한 마음과 응원을 보내는 것이 우리가 할 일이다.

나만의 실패 list를 만들어 보고 실패를 긍정화해 봅니다.

| 내가 실패한 경험 | 실패에서 얻은 교훈 |
| --- | --- |
| ex)<br>언론사 시험 낙방 | 그 후 아이들을 가르치는 일을 아르바이트로 시작하여 지금의 경력을 만들었다. 실패는 때로 더 나은 방향으로 이끌어준다. |
| | |
| | |
| | |
| | |

# 부를 현실화하는 독서

나는 가난한 어린 시절을 보냈다. 내 기억 속의 부모님은 항상 돈 문제로 다투거나 돈 때문에 힘들어 하셨다. 나는 늘 부자가 되는 꿈을 꾸었다. 꿈속에서 항상 백마 탄 왕자님을 만나거나, 소공녀처럼 부유한 친척이 나타나 갑작스럽게 엄청난 금액의 유산을 상속해 주는 모습이었다. 한마디로 일확천금을 꿈꾸었다.

부자가 되고 싶었다. 머릿속에는 늘 돈 생각이었다. 하지만 회사에 취직해서 첫 월급을 받았을 때 이미 알았다. 이런 식으로 해서는 부자가 될 수 없다는 사실을.

나는 현실을 부정하고, 신세 한탄을 하며, 복권도 사지 않으면서 당첨을 꿈꿨다. 부유한 사람을 보면 '부모 잘 만나서 그렇지', '저 사람과는 별로 친하고 싶지 않아. 잘난 척만 할 텐데' 하고 생각했다.

돈은 벌어도 매번 사라졌다. 학자금 대출을 갚느라 늘 아르바이트를 했다. 그 무렵 IMF가 왔다. 늘 열심히 일만 해도 한 번도 풍족한 적 없었던 부모님은 더욱 어려워졌다. 결국 파산을 하고 어렵게 수 십 년간 모은 돈으로 마련한 24평 아파트를 내놓고 김포로 이사를 가게 되었다.

언론사 시험에 매번 낙방하던 나는 아르바이트로 과외를 했던 경험을 바탕으로 학원 강사가 되었다.

무슨 특별한 교육관이나 사명 같은 것은 없었다. 그저 밥벌이로 시작한 일이었다.

김포로 이사를 가서도 형편은 나아지지 않았다. 전세금을 빼서 김포에 계신 작은 아버지 사업자금에 보태고 일자리를 얻기로 했던 부모님은 몇 년간 고생만 하다가 다시 대구로 돌아오셨다.

그즈음 나는 결혼을 했고, 그저 소박한 행복을 누리고 사는 것을 꿈꿨다. 비록 남편과 나는 가진 돈이 없었지만 둘 다 젊고 일할 수 있으니 열심히 모으고 저축하면 남들처럼 살 수 있을 것이라 믿었다.

아이를 낳아 가정을 꾸려 살면서 '부자가 되고 싶다'는 욕망은 거의 사라졌다. 그저 새로운 가정에 뿌리를 내리고 희망과 행복을 느끼며 열심히 살기만 했다.

2012년 가을,

학원을 오픈해서 사장이 된 지 3년,

세 아이의 엄마가 된 지 6개월,

가장 힘든 시기에 새벽에 일어나 읽은 『꿈꾸는 다락방』.

"꿈을 꾸면 이루어진다."

나는 꿈을 꾸고 그것을 이루기로 결심했다. 하지만 바로 부정적인 생각이 꼬리를 물고 따라왔다.

'세 아이의 엄마노릇도 잘하고, 경제적으로도 성공하고, 일도 잘하는 세 마리 토끼를 잡을 수 있을까?'

'모두 다 하겠다고 하는 것이 욕심은 아닐까?'

'이렇게 욕심 부리는 욕심쟁이의 꿈도 신이 이루어 주실까?'

나의 무의식은 모든 것을 다 가지겠다는 것은 욕심이고 죄악이라고 생각하고 있었다.

하지만 부와 관련된 책들은 모두 다음과 같이 얘기하고 있다.

"지금껏 살면서 경험한 가장 큰 충격은 부와 성공에 대해 강의를 시작할 무렵에 겪은 일이었다. 강연에 참석한 많은 사람들이 부와 부에 대한 열망이 과연 옳은 것인지 판단하지 못해 오랜 고민에 빠져 있음을 깨달았던 것이다.

물론 그들은 모두 부자가 되고 싶어했다. 사실 그것은 세상 사람들 대부분이 꿈꾸는 것이기도 하다.

그러나 과연 그래도 되는지, 특히 종교적인 입장에서 대부분의 사업가들은 부자가 되고 싶다는 감정에 죄의식을 느끼고 있었다. 부자가 되기 위해 매일 열심히 뛰고 있으면서도 부가 미덕인지 악덕인지 판가름하지 못하고 있었던 것이다.

~ 중략 ~

다시 한번 말하지만 부에 대한 놀라운 진실은 부자가 되고 싶은 욕망은 잘못된 것이 아니라 참으로 마땅한 생각이라는 것이다." (캐서린 폰더, 『부의 법칙』, 국일미디어)

부자가 되고 싶은 것은 잘못이 아니라 마땅히 가져야 하는 생각이다. 모든 것을 다 가져도 좋다. 세상은 모두가 부자가 되기에도 충분한 자원과 아이디어가 있다. 내가 부자가 되는 것이 가난한 누군가의 기회와 생계를 박탈하는 것이 아니라는 것이다.

나는 세 아이도 잘 키우고, 경제적으로도 성공하고, 일에서도 성취감을 느끼는 여자가 되기로 결심했다. 이런 마음을 먹는 게 그리 쉬운 것은 아니었다. 아이가 셋인데도 일에서 성공한 여자를 인터넷에 찾아보았다. 김미경 강사도 세 아이의 엄마였고, 공지영 작가도 아이가 셋이다. 그녀들은 일과 아이 키우기 모두 잘 해내고 있지 않은가? 나도 할 수 있다.

"진짜 얻으려 하는 것만 얻게 된다. 부자가 되고 싶으면 부자를 목표로 해야 한다. 생활비로 쓸 돈이나 있으면 되는 것이 아니라, 편안히 먹고살 정도만 있으면 되는 게 아니라, 부유하다는 것은 말 그대로 부유하다는 뜻이다."

(하브에커, 『백만장자 시크릿』, RHK)

그저 부자가 되면 좋을 텐데, 하는 정도로는 부를 현실화할 수 없다. 더욱 강력하게 꿈꾸고 더욱 적극적으로 행동해야 한다.

부자 엄마가 되기로 결심하고 책을 읽으면서, 내가 얼마나 '부' 자체에 부정적인 생각을 가지고 있었는지 깨달았다. 그것은 오랜 시간 성장과정을 통해 생성되어 잠재의식에 뿌리 깊이 박혀 있어서 책 한두 권 읽었다고 해서 쉽게 바꾸어지지 않았다.

정말로 부를 꿈꾸어도 괜찮은지, 확신이 필요했다. 부와 돈에 관한 책만 수 십 권을 집중적으로 읽고 또 읽었다. 대부분의 책들이 같은 말을 하고 있다는 것을 알게 되었다.

1. 부를 긍정하라. 부는 나쁜 것이 아니다.

2. 뿌린 대로 거둔다. 내가 준만큼 혹은 그 이상 돌려받는다.

3. 세상의 부는 넘친다. 내가 부자가 되면 누군가가 가난해지는 제로섬게임이 아니다.

4. 부를 공부하고 실천하라.

5. 현재 가진 것에 감사하라. 부정적인 마음은 부정적인 것을

끌어당긴다.

지금의 나는 부와 돈에 관한 생각이 완전히 바뀌었다. 부자 친구도 있고, 가끔씩 진짜 부자들이 가는 곳에 일부러 돈을 들여 가보기도 한다. 누군가 돈을 벌었다고 하면 축복해주고 내가 먼저 베푼다. 다시 나에게 2배~3배가 되어 돌아올 것이기 때문이다.

현재 가진 것에 감사하는 습관을 가지게 되면 사실 어마어마한 부가 그다지 필요치 않다고 느껴질 때가 많다. 내가 발 디디고 살 집이 있고, 먹을 음식이 있고, 일할 직장이 있고, 사랑하는 가족과 함께 살고 있는 것만으로 충분하다.

하지만 나는 여전히 부자가 되기를 꿈꾼다. 자녀를 잘 키우고 좋은 교육을 해주고 싶지만 그렇게 못하는 가정의 아이들에게 양질의 교육을 제공하고, 부모들도 자립할 수 있도록 교육해 주는 공동체를 꿈꾼다. 더 많은 사람에게 더 선한 영향을 끼치는 부자가 될 것이다.

엄마라도, 아니 엄마라서 부를 꿈꾸고 현실화해야 한다.

지금 이 글을 읽고 있는 엄마라면 부자가 될 수 있다. 부자 엄마를 꿈꾸기만 하면 된다. 일단 꿈꾸고 결심해라. 부자가 되겠다고 마음을 먹어라. 왜 부자가 되어야 하는지 생각해 보라.

지금 이 순간, 여기서 탄생한 부자 엄마를 응원한다.

Step1. 부의 마인드를 깨우는 책

『부의 법칙』, 캐서린 폰더, 국일 미디어

『백만장자 시크릿』, 하브 에커, RHK

『부의 추월차선』, 엠제이 드마코, 토트

『부자아빠 가난한 아빠 시리즈』, 로버트 기요사키

Step2. 나는 왜 부자가 되어야 하는가? 생각해 보세요. 구체적일 수록 좋습니다.

Step3. 부자가 되겠다고 선언해 봅니다.

ex) 나는 100만 명에게 영향을 끼칠 교육콘텐츠로 100억 부자가 되어 교육 소외 계층에게 양질의 교육을 제공해 줍니다!(선언은 현재형으로 하는 것이 좋습니다)

# 5장

# 결국 다시 내가 되다

# 엄마는 커서 뭐가 될 거야?

유치원에 다니는 딸아이가 어느 날 물었다.

"엄마는 커서 뭐가 될 거야?"

어린 자녀에게서 이런 질문을 받아 본 적이 있을 것이다.

불현듯, 한참 전 MBC 황금어장의 '무릎팍도사'라는 프로그램에 한비야 작가가 출현해서 했던 이야기가 떠올랐다. 그 당시 50대의 한비야 작가는 이렇게 말했다.

"나는 내가 커서 뭐가 될지가 너무 궁금해요."

50대에 커서 뭐가 될지가 궁금하다니. 그럴 수 있다는 사실이 존경스러운 한편, 또한 충격적이었다. 그때 나에게 물었다.

'넌, 커서 뭐가 될래?'

한 번도 내가 더 커서 무언가가 될 수 있다는 생각을 해본 적이 없었다. 현재의 나 자신을 돌아보았다. 아이들의 엄마, 내가 그다지 되고 싶고 원했던 것은 아니었다. 그저 사람들이 말하는 순리대로 살다 보니 자연히 얻어진 이름이었다.

학원장, 이것 또한 내가 꿈꾸던 일은 아니었다. 그저 하던 일을 열심히 하다 보니 어느 순간 그렇게 되어 있었다. 또한 누군가의 아내로, 며느리로 10년을 넘게 살아왔다.

더 커서 뭐가 될 수 있을까? 답을 찾을 수 없었다. 제대로 답하지 못했던 그때의 질문을 10년이 지난 지금, 그때는 태어나지도 않은 딸에게 들을 줄이야.

아이의 질문에 살짝 당황했다. 누구라도 그럴 것이다. 40~50대의 나이에 커서 뭐가 될 것인지 대답해야 한다면. 하지만 같은 질문에 대한 답을 두 번이나 미룰 수는 없었다. 순간적으로 내면에서 떠오르는 대로 답을 했다.

"엄마는 커서 작가가 될 거야."

답을 하고 나서, 스스로 흠칫 놀랐다. 책을 쓰고 싶다는 생각을 한 적은 있다. 판타스틱한 꿈을 꾸고 나면 나중에 늙어서 판타지 소설을 써야지 하고 우스갯소리도 했었다. 하지만 내 입에서 그것이 말로 나올 줄은 몰랐다.

말을 하고 나니, 그것도 괜찮다는 생각이 들었다. 될 수 있을 것만 같았다. 두근두근 가슴이 뛰었다. 아이에게 대답을 해준 지 1년, 나는 내가 말한 대로 되었다.

나는 '시크릿'을 믿는다. 내가 말한 대로, 생각한 대로 이루어진다는 것을 강력하게 믿는 사람이다. 현재의 삶이 만족스럽지 않은 어느 날, 꿈을 생각했다. 그리고 생각대로 되었다. 처음 무언가를 하고 싶다, 갖고 싶다, 되고 싶다고 떠올린 날부터 삶이 바뀌었다.

지금은 하고 싶고 되고 싶은 것이 너무 많아 고민이다. 자신이 하고 싶은 것에 대해 생각하고 고민하는 데에 엄마들은 얼마만큼의 시간을 쓰고 있는가? 내 아이의 꿈과 미래에 대해서 생각하는 시간의 반의 반도 안 될 것이다.

사실 엄마가 고민해야 할 것은 아이의 미래가 아니라 엄마 자신의 미래이다. 엄마가 자신의 삶에 집중하면 아이들은 저절로 잘 크게 되어 있다. 집에서 매일 보는 것이 엄마가 스스로의 미래를 꿈꾸고 그것을 이루기 위해서 정진하는 모습이라고 생각해 보라. 아이들은 '아~, 엄마처럼 삶은 저렇게 스스로 고민하는 것이구나'를 배우게 될 것이다.

"넌 커서 뭐가 될래?"

이제는 아이들에게 묻지 말자. 엄마 자신에게 계속 물어봐야 한다.

엄마들도 꿈을 꿔야 한다. 늦지 않았다. 하지만, 선뜻 잘 떠오르지 않을 것이다.

유치원생들은 바로바로 잘도 대답하는 것이 어른에게는 어려운 것일까? 어릴수록 아이들은 왜 이 질문에 쉽게 대답할까? 실현가능성과 현실성은 따지지 않고 그냥 떠오르는 대로, 멋있다고 생각한 대로 대답하기 때문이다.

만약 40대 중반 나이의 전업주부인 옆집 엄마가 어느 날 갑자기 "나 꿈이 생겼어. 커서 변호사가 될래"라고 말한다면 어떨까? 농담을 하는 게 아니라면 정신이 나갔다고 생각하기 쉽다.

그러니 옆집 엄마에게는 절대로 말해서는 안 된다. 남편에게도 좋은 소리는 못들을 것이다. 자기 자신과 계속 대화를 해야 한다.

엄마도 스스로에게 계속 물어봐야 한다. 그리고 그냥 떠오르는 대로 대답해 보자. 대답은 많으면 많을수록 좋다. 꿈은 크면 클수록 좋다. 40대의 옆집 엄마가 로스쿨에 진학해서 50대에 잘나가는 변호사가 될지 모른다. 어느 정도 내 스스로가 내 꿈에 자신이 생길 때까지 끊임없이 스스로에게 물어보라. 무엇이든지 좋다. 지금 그냥 우스갯소리로 한 대답이 5년 뒤 10년 뒤, 나의 모습일지 모를 일이다.

- 40대, 50대라고 해서 다 큰 것인가?

- 더 커서 무엇인가 되는 것이 불가능한가?

- 나는 어떤 삶을 살고 싶은가?

- 나는 어떤 삶을 살고 싶어 했는가?

- 내가 원하는 것이 있다면 그것을 이루는 데 걸리는 평균적인 시간은 얼마인가?

- 지금 시작한다면 몇 살에 그것을 이룰 수 있는가?

## 인생 최고의 몸매 달성은 바로 지금

100세 시대를 넘어 120세 시대를 바라보고 있다. 현재 나이 40대라면, 혹은 그 이하라면 인생의 절반도 못 산 것이다. 앞으로 살아가야 할 날이 훨씬 길다. 평균 100세까지 산다고 봤을 때 남은 60년을 어떤 모습으로 살아가길 원하는가?

지금의 내 몸을 한번 살펴보자. 이 육체로 대체 몇 년까지 버틸 수 있을까? 사실 다이어트는 여자들에게 평생 숙제와 같은 것이다. 늘 다이어트를 달고 산다.

"그렇게 맨날 '다이어트, 다이어트' 하고 사는데도 왜 몸매가 똑같은지 신기하다."

남편이 그냥 툭 내뱉은 말이 상처가 되어 다시 시작한 다이어트도 실패였다. 몇 달 시도하다가 6개월을 못 버티고 다시 돌아오기를 무한 반복, 다이어트를 할 때마다 요요로 몇 킬로그램씩 더 늘어났을 뿐이다.

이제는 그 몸에 익숙해졌는지 더 이상 다이어트를 하겠다는 의지조차 생기지 않을 때, 국내 마인드 교육의 선두 주자인 조성희 대표를 만났다. 이미 그녀의 저서 『어둠의 딸, 태양 앞에 서다』에서 근육으로 다져진 아름다운 뒤태와 마인드로 극복한 성공스토리를 보고 난 후 팬을 자처했었다.

"정말 대단하세요. 저는 다른 건 다 해도 운동만은 못하겠어요."라고 인사치레로 말했다.

"바로 그 생각 때문에 안 되는 거예요. '나는 운동은 못해'라는 생각을 버리세요."

또 한 번 망치로 머리를 한 대 맞은 것 같은 느낌이었다(난 참 자주 망치로 머리를 맞는다).

'그렇게 책을 많이 읽고도 깨닫지 못했네. 맞아. 난 운동은 안 된다는 생각을 버려야지.'

조성희 대표는 마인드 파워 전문가라서 몸짱이 된 줄 알았다. 내가 그녀에 비해 부족했던 것은 개인트레이너도, 훌륭한 마인드 스승도 아니었다. 단지 '나도 할 수 있다'라는 생각인 것이다.

그날부터 바로 팔굽혀 펴기를 시작했다.

"하루에 한 개씩 늘려가자." 몸짱이 목표가 아니라 운동하는 습관을 가져보는 것이 목표였다.

첫날 10개. 이 정도는 쉬웠다. 둘째 날 11개. 어제보다 하나가 늘었다. 어렵지 않았다. 열흘째 되는 날 20개를 하니 좀 버거운 생각이 들었다. 시간제한이 있는 것도 아니고 누구한테 보여주는 것도 아니다.

그로부터 일주일간 숫자를 늘리지 않고 20개만 했다. 팔굽혀 펴기 20개를 하는데 시간이 얼마나 걸리는지 아는가? 5분도 걸리지 않는다. 20개가 익숙해지자 다음 날 21개, 그 다음 날 22개, 이런 식으로 하나씩 숫자를 늘려나갔다.

한 달 정도 하니 45개 정도를 할 수 있게 되었다. 그래도 10분도 걸리지 않았다. 자신감이 붙었다. 하나씩, 하나씩 숫자를 늘려가는 재미도 느꼈다. 하지만 더욱 놀라운 건 한 달쯤 되었을 때, 정해 놓은 숫자를 다했는데도 뭔가를 더 하고 싶다는 생각이 스스로 들었다.

일단 가벼운 마음으로 '팔굽혀 펴기만 하자'라고 몸을 일으켰다. 하루에 하나씩이지만 숫자가 늘어나는 데서 성취감을 느꼈다. 다 해도 시간이 얼마 흐르지 않았다. 다른 운동을 추가했다. 윗몸 일으키기와 누워서 다리 들어올리기 같은 동작을 더했다. 같은 숫자로 맞추기 위해 조금 더 운동하는 날도 생겼다.

비가 오는 날도 빠지지 않았다. '비가 오니 밖에서 운동할 수 없어' 같은 핑계가 통하지 않기 때문이다. 일정이 바쁜 날은 딱 팔굽혀 펴기만 했다. 출장으로 외부에서 숙박하는 날도 호텔 바닥에 수건 한 장 깔고 딱 팔굽혀 펴기만 했다.

100일 정도 지나니 100개를 쉬지 않고 할 수 있게 되었다. 그즈음 크런치와 레그 레이즈, 스쿼트까지 100개를 채웠다. 하루에 40분 이상은 운동하는 데 시간을 보내게 된 것이다.

지겹게 안 빠지던 살이 빠진 것은 덤이었다. 어느새 뱃살은 빠지고 슬며시 복근까지 드러나고 있었다. 점점 더 운동에 자신감과 욕심이 생겨 헬스장에 등록했다. 전문 트레이너에게 자세도 배우고 지금까지 내가 해오던 게 맞는지 확인하고 싶어졌다. 그렇게 몇 달 더 몸을 만든 후 꿈에 그리던 바디 프로필 사진까지 찍었다.

물렁물렁한 내 팔에 근육이 붙을 줄이야. 헐렁하던 뱃살이 빠지고 탱탱해졌다. 몸무게는 5~6킬로그램 정도 빠졌지만 완전히 딴사람이 되었다.

요즘 SNS를 보면 홈트와 꾸준한 관리로 아름다운 몸매를 가진 분들이 많이 있다. 나는 그들과 비교하면 여전히 아줌마 몸매이다. 하지만 운동을 전업으로 할 것도 아니고 단지 내가 건강하고 활기차게 살기 위해 습관을 마련하는 것을 목표로 본다면 이 또한 성공이다.

매년 같은 시기에 바디 프로필을 찍겠다고 스스로에게 약속했다. 그리고 지금도 꾸준히 운동을 하고 있다.

살을 빼고 싶고 날씬해지고 싶은 사람들에게, 모델 몸매처럼 되는 게 목표가 아니라면 '평생 할 수 있는 습관'을 만드는 데 집중하라고 말하고 싶다. 식단이든 운동이든 평생 할 수 없다면 언젠가는 다시 예전의 모습으로 돌아갈 것이기 때문이다.

습관을 바꾸는 것은 쉽지 않다. 하지만 생각을 바꾸면 가능하다. 아주 조금씩 습관이 눈치 채지 못하게, 하나씩 하나씩 1년 혹은 2년 동안 나의 식습관과 운동습관을 바꾼다고 생각해보자. 어제의 나와 비교하고 점점 더 발전하는 내 모습을 떠올리며, 절대로 포기하지 말자.

지금 몇 살이건, 결심하고 실행하는 바로 그 순간 인생 최고의 몸매를 갖게 될 것이다.

나의 운동일지

| 도전시작일 | 2019.　　.　　. |
|---|---|
| 도전목표 | Ex) 100일동안 하루에 1개씩 복근운동 늘리기<br>•<br>•<br>• |
| 날짜 | • 실행내용 |
| Ex) 20190601 | • 복근운동 10개 |
| | |
| | |
| | |

# 감사의 힘

자기계발서에 지겹게 나오는 단어 중 1위는 독서이다. 독서 다음으로 가장 많이 나오는 단어가 바로 '감사'가 아닐까?

'뭐가 그렇게 감사할 일이 많다고 감사하라는 건지, 감사할게 있어야 감사를 하지…'라고 하던 내가 감사 습관을 가지게 된 것은 3~4년 전의 일 때문이다.

독서에 미쳐 있던 당시, 새벽 기상과 자기계발을 독려하며 함께할 커뮤니티를 찾다가 "새벽 기상"을 목표로 하는 "콩나물"이라는 밴드를 만들게 되었다. 그때 멤버 중 한 분이 『한 줄의 기적, 감사일기』라는 책을 읽고 저자에게 메일을 보냈더니, 작가님이 우리 밴드 멤버들에게 감사일기를 코칭해 주겠다고 했다는 것이다.

그 책을 읽어본 적은 없었지만, 저자에게 직접 코칭을 받을 수 있는 기회가 자주 오는 것은 아니었기에 한번 해보기로 했다.

회원들은 매일 하루 동안 10가지의 감사했던 일을 생각하고 밴드에 일기처럼 올리는 것이 규칙이었다. 1단계가 100일 간이라 일단 그것만 성공하자는 생각으로 시작했다. 무료로 코칭을 받는데 책을 사서 읽어보는 것이 작가님에 대한 예의라고 생각해서 뒤늦게 책도 구입했다.

첫날, 퇴근 후 감사일기를 쓰려고 밴드에 접속했다.

날짜를 쓰고 1.이라고 번호를 쓰고 나니 쓸 말이 없었다. 도무지 감사한 일이 생각나지 않는 것이다. 다시 나와서 저자의 책 『한 줄의 기적, 감사일기』를 읽어보았다. 다행이 내용이 어렵지 않고 술술 잘 읽혔다.

반 정도 읽고 나니, '음, 이런 것도 감사할 일이 되겠군.' 하는 생각에 다시 감사일기를 쓸 용기가 생겼다.

1. 점심 때, 식당에 주문한 설렁탕이 빨리 나왔습니다. 감사합니다.

하나를 쓰고 나니 별로 어렵지 않았다. 생각해 보니, 오늘 학원에서 상담이 와서 등록한 일도 아주 감사할 일인데 왜 처음에는 생각나지 않았을까? 꾸역꾸역 10가지를 채우고 잠이 들었다.

다음 날 보니 다른 사람들의 감사일기도 별반 다르지 않았다. 아주 사소한 일상들에 '감사합니다'만 붙이면 되는 것이었다. 원칙은 어쨌건 하루에 10가지 감사거리를 생각해 내는 것이었다. 매일 잠자리에 들기 전 오늘 하루 동안 감사한 일이 무엇이 있었는지 찾다 보니, 나에게 긍정적인 변화가 생겼다.

감사일기를 적어야 했기에 감사할 것만 찾았는데, 이것이 하루 중 좋았던 일을 찾아내고 집중하게 했던 것이다. 날이 갈수록 점점 감사할 거리가 늘어났다. 어떤 날은 14개, 15개, 20개를 넘긴 날도 생겼다. 생각해 보니 감사할 일들이 너무너무 많았다.

2014-12-02 (나의 첫 번째 감사일기)

1. 학부모 설명회 초대장이 예쁘게 나와서 감사합니다.
2. 주변에 나를 도와주려는 사람들(이천호 원장님, 교보생명팀)에게 감사합니다.
3. 새로운 환경에 적응을 잘해주는 Issac쌤에게 감사합니다.
4. 막내가 병원에 가서 착하게 치료를 잘 받아서 감사합니다.
5. 장남이랑 화해해서 감사합니다.
6. 둘째가 엄마를 너무 사랑해줘서 감사합니다.
7. 오늘 수업하며 잔소리하는데도 애들이 눈을 반짝이며 들어줘서 감사합니다.
8. 감사할 게 너무 많아서 감사합니다.
9. 추운 날씨에 나는 차도 있고, 난방이 잘되는 집이 있어 감사합니다.

100일 정도 지속하니 감사 일기가 습관이 되었다. 일기쓰기 뿐만 아니라 실제로 나의 생각습관까지도 감사한 일을 찾는 쪽으로 변화하게 되었다. 그때 감사일기의 저자 양경윤 작가님이 2단계 감사일기를 제안하였다.

2단계 감사일기에서는 오늘 감사한 일뿐 아니라 미리 감사하는 '감사요청'까지 포함되었다. 점점 써야 하는 양이 늘어났지만 어느 정도 습관이 되었고 감사일기의 효과를 보기 시작했기에 하나도 힘들지 않았다.

감사요청까지 하게 되니 내일 일과를 미리 생각해볼 수 있어서 좋고, 미리 내일 있을 일에 대해 긍정적인 결과를 그려볼 수 있었다. 단순한 감사일기 하나로 긍정 확언, 현재에 집중하기, 계획하기가 한꺼번에 해결되었다.

구구절절 감사일기의 효과에 대해 쓰지 않더라도, 얼마나 삶이 바뀌었는지 감사일기만 보아도 알 수 있을 것이다.

1년 동안 단 하루도 빠짐없이 감사일기를 썼다. 그때 몸에 배인 "감사합니다"라고 말하는 습관 덕분에 어디 가서든 배려심이 있다는 좋은 평가를 받고 있다. 화가 나면 무뚝뚝해지고 무서워 보이는 인상도 개선되었다.

하지만 매일 꾸준히 한다는 것은 결코 쉬운 일이 아니다. 그래서 함께할 사람들을 만나고 서로 격려하고 응원해주는 것이 필요하다. 가족끼리 감사 밴드를 만들어서 운영해도 좋고, 나처럼 저자가 운영하는 밴드에서 일기를 이어가도 좋을 것이다.

감사일기 2단계 예시(저자의 감사일기 일부)
2015-03-10

98+1번째 감사일기
1. 12월 2일부터 시작해서 지금까지 단 한 번도 감사일기를 빠뜨린 적이 없다는 사실에 스스로가 대견하면서 감사합니다.
2. 그동안 감사일기를 쓰면서 바라거나 꿈꾸는 일들이 많이 이루어졌고, 또한 감사할 일들이 더욱더 많아졌음을 깨달아서 감사합니다. 감사합니다.
3. 감사일기를 중심으로 하는 이 소중한 밴드에 가입하게 되어 감사합니다.
4. 아침에 공사 차량이 우리 집 앞을 지나가다가 오르막길에서 미끄러졌는데, 다행히 우리 집을 스치고 지나가서 사고가 없음에 감사합니다.
5. 조금 늦게 일어났지만 한 줄이라도 글을 쓸 수 있어서 감사합니다.
6. 세 아이 모두 한 번에 등교하게 되어서 여러 번 픽업하는 수고를 덜어주어 감사합니다.
7. 도시락을 싸주신 친정엄마, 도시락을 배달해주신 친정아빠께 감사합니다. 건강하게 같이 계셔주신 것만으로도 너무 감사하고 행복합니다.

8. 둘째 아이가 오늘은 약속을 지키고 게임을 하지 않았습니다. 대견하고 감사합니다.
9. 개강 이후 첫 번째 회의를 모두 웃으며 잘하였습니다. 선생님들 모두에게 감사합니다.

~중략~

18. 하루 종일 고기가 당겼는데 퇴근길에 치킨을 주문했습니다. 시골에 있는 우리 집에서도 배달 가능한 치킨집이 있어서 감사합니다.
19. 장남과 둘째가 이틀째 할머니 방이 아닌 자기들 방에서 자고 있습니다. 감사합니다.
20. 이렇게 추운 날 차도 있고 따뜻한 집도 있고 치킨 시켜 먹을 돈도 있어서 너무 행복하고 감사합니다.

✤ 감사요청 ✤

1. 내일도 학원 강사 및 직원들이 모두 한마음으로 진정한 관심과 사랑으로 최상의 교육서비스를 제공하는 것에 대해 감사합니다.
2. 남편일이 빨리 잘 마무리되어서 푹 쉴 수 있어서 감사합니다.
3. 가족 모두 건강하고 늘 행복한 마음을 하루하루 느끼고 지낼 수 있어서 감사합니다.

중요한 것은 습관이 되는 것이다. 습관이 되려면 일단 첫 번째 시도를 해야 한다.

바로 오늘부터 감사일기를 써보면 어떨까?

감사일기 쓰기

※반드시 끝에는 '감사합니다'를 붙입니다.

| 날짜: |
| --- |
| No. 1(감사일기 1일차) |
| 1. |
| 2. |
| 3. |
| 4. |
| 5. |
| 6. |
| 7. |
| 8. |
| 9. |
| 10. |

# 독립적인 아이로 키우기 위한 최고의 선물

소중한 내 아이를 위해 부모가 해줄 수 있는 가장 큰 선물이 뭘까? 이미 물질은 차고 넘치는 시대에 무언가를 돈으로 사준다고 그것이 의미 있는 선물이 될까? 아이를 잘 키우고 싶은 욕구, 내 아이가 잘 자라주었으면 하는 바람은 무엇으로 충족시킬 수 있을까?

세 아이를 키우면서 엄마 노릇을 잘해낸 적이 별로 없는 것 같다. 학교 행사에도 겨우 얼굴을 비출까 말까이며, 아이들 숙제는 당연히 혼자 하는 것으로 자리를 잡았다.

내 일과 나 자신에 집중하다 보니 아이들에게 소홀할 때가 있다. 큰아이가 5학년일 때 겨울쯤 일이다. 담임선생님으로부터 날씨도 추워지는데 아이 실내화를 바꿔야겠다고 문자가 온 것이다. 그제야 실내화주머니를 살펴보니 여름 실내화가 다 떨어지고 작아져 커다란 구멍까지 나서 바람이 숭숭 들어오는 상태였다. 때가 꼬질꼬질한 데다 구멍까지 나니 영락없이 거지꼴이었다. 어이가 없기도 하고 엄마 노릇을 못한 것이 창피하기도 하여 되레 아이를 혼냈다. 일일이 못 챙겨주니 이런저런 일이 생기지만 사내아이들이라 곧잘 웃고 넘어가곤 한다.

요즘같이 물자가 풍부한 시대에 돈이 없어서 다 떨어진 실내화를 신고 다닌다고 생각하지는 않으니 다행이었다. 하지만 결핍이 없는 세상에 살고 있는 아이들이 무언가를 얻기 위한 노력을 하려 하지 않을까 봐 걱정되는 것도 사실이다.

두 분 다 사업을 하며 삼남매를 키우는 학부모님의 이야기다. 아이들의 학원비를 직접 벌어 내게 한다고 얘기하셨다. 무엇을 하든지 아이가 스스로 선택하게 하고 돈이 드는 일은 아이가 60%, 부모가 40%를 부담한다고 한다. 물론 아이들은 집안일을 해서 돈을 벌어야 한다.

두 분 다 작지 않은 사업체를 운영하며 부유한 가정에서 아이들에게 그렇게 절약하는 이유가 뭔지, 또한 부모로서 뭐든지 사주고 해주고 싶지 않은지 물어보았다.

"용돈은 주지 않습니다. 대신 아이들이 생활비를 내죠. 집안일을 해서 생활비를 벌고 명절에 받아 모은 돈으로 필요한 것도 사게 합니다.

요즘 휴대폰 때문에 다들 말이 많잖아요. 저희 집은 아이가 사겠다고 하면 요금까지 60%를 매달 부담하게 합니다. 그러면 아이가 고민하다가 결국은 안 사겠다고 하더라구요."

그냥 네 존재로 엄마는
행복하고 감사해

이해가 가지 않았다. 부동산에서 나오는 수입만으로도 온 가족이 풍족한 삶을 누릴 수 있을 정도로 부자이면서 아이들에게 그렇게 인색한지?

"교육상 좋긴 하지만 아이들에게 해주고 싶은 게 많지 않으신가요?"

그분의 대답이 가슴에 쿵 하고 박혔다.

**"부모가 자식에게 줄 수 있는 가장 큰 사랑은 바로 절제 아닐까요?"**

소중한 아이가 스스로 세상을 헤쳐 나갈 수 있는 힘을 길러주기 위해 능력이 되고 충분히 모든 것을 해줄 수 있지만 그것을 참아내는 절제.

사랑한다면 절제하라.

내가 돈이 있어서 아이에게 당장 필요한 것을 하나 사주긴 쉽다. 하지만 사주지 않는 절제가 더 어렵고 더 큰 사랑이다.

우리는 자주 착각해왔다. 아낌없이 다 내주는 것이 사랑이라고. 하지만 아낌없이 주는 나무가 결국 어떻게 되었는가? 둥치만 남아 그것을 내어주고 그래도 나무는 행복했다는 마지막 문장을 읽고 기분이 어떠했는가? 나는 나무가 왠지 슬퍼 보였다. 아낌없이 받았던 그 아이는 과연 행복했을까? 원하면 언제든지 사과를 가져가고, 나무줄기를 잘라간 삶이 행복했을까?

내 안에 가득한 사과를 모두 주는 것은 사랑이다. 하지만 사과를 주지 않고 사과 씨를 주며 키우는 법을 알려주는 것은 절제가 필요한 더 큰 사랑이다. 절제와 결핍을 몸으로 느끼고 자란 아이들은 자신의 인생을 막 살지 않는다. 스스로 결정해서 책임지는 법을 배우는 것이다.

'자기가 원하는 인생을 자기 스스로 결정한다. 필요한 부분은 부모의 도움을 받되 일부를 자신이 해결한다.' 상상해 보자. 내 아이가 이런 습관을 가지고 성장한다면 얼마나 독립적인 삶을 개척해 나갈지를.

나는 당장 집에 와서 아이들에게 적용했지요. 가족회의를 열어 오늘부터 생활비를 벌어 내라고 했죠. 당장 학원비도 6 대 4로 부담하자고 했더니 모두들 학원을 끊겠다고 하더군요.
급하게 먹는 밥이 체하는 법, 우리 집에 맞게 하나씩 차근차근 도입해야만 했어요.
아이들과 함께 우리 집 나름의 규칙을 만들었어요.

1. 아이들은 집안일을 도와 돈을 번다.
2. 번 돈으로 일정수준의 생활비를 낸다(장남 5만 원, 차남 4만 원, 미취학아동인 막내는 0원).
3. 생활비를 내고 남은 돈은 용돈으로 준다.
4. 집안일 기록지를 만들어 자신이 일한 것을 스스로 체크하게 한다.
5. 매달 말일에 정산해서 필수생활비를 넘는 돈은 용돈으로 지급한다.

※집집마다 규칙과 방식은 다를 수 있어요.
※집안일 기록지를 참고해서 우리 집만의 규칙을 만들어요.

*아이들 집안일 기록일지

| | 항목 | 금액(원) | 1 | 2 | 3 | 4 | 5 | 6 |
|---|---|---|---|---|---|---|---|---|
| 가사분담 | 설거지 | 5,000 | | | | | | |
| | 거실 정리 | 500 | | | | | | |
| | 건조기 돌리기 | 500 | | | | | | |
| | 주말 대청소 | 10,000 | | | | | | |
| | 고양이 밥주기 | 500 | | | | | | |
| | 계란 가져오기 | 500 | | | | | | |
| | 식탁 정리 | 500 | | | | | | |
| | 대걸레질 하기 | 2,000 | | | | | | |
| | 청소기 돌리기 | 2,000 | | | | | | |
| | 빨래 개기 | 1,000 | | | | | | |
| | 다락방 정리 | 1,000 | | | | | | |
| | 빨래 배달 | 500 | | | | | | |
| 동생 돌보기 | 동생 숙제 도와주기 | 1,000 | | | | | | |
| | 동생 책 읽어주기 | 200 | | | | | | |
| 독서습관 | 책 읽기 | 200 | | | | | | |
| | 감상문 | 500 | | | | | | |
| 습관인성 | 칭찬 받았을 때 | 500 | | | | | | |
| | 상 받았을 때 | 500 | | | | | | |

※원본 파일은 엄마성장커뮤니티인 "Me, Again" 밴드에서 다운받을 수 있습니다.

# 독서를 통한 끌어당김의 법칙

'내가 원하면 그것을 당길 수 있다'라는 말을 들어본 적 있는가?

론다번이 2007년에 출간한 『시크릿』에 나오는 '끌어당김의 법칙'은 이제 많은 사람들이 알고 있는 공공연한 비밀이다. 소원과 목표를 이루는 방법으로 단지 생생히 상상하고 꿈꾸기만 하면 된다고 하니 성공하기란 얼마나 쉬운 일인가?

'오~ 놀랍다. 내 생각이 물질을 결정한다니', '근데 과연 이게 될까?'

감탄과 의심만 남기고 내 삶에 큰 변화는 없었다. 하지만 본격적인 자기계발서 독서를 통해 '시크릿의 아이디어'들을 꾸준히 접하다 보니 나에게도 놀라운 일들이 일어났다.

자기계발서를 미친 듯이 읽어내던 시절, 성공한 사람들은 모두 한 가지 공통점이 있다는 사실을 깨달았다. 물론 성공의 여러 가지 법칙들, '실패를 딛고 일어선 과거가 있다, 절대 포기하지 않는다, 일찍 일어난다, 책을 많이 읽는다' 등은 고개를 끄덕이게 하지만 내가 따라하기엔 하나같이 어려운 일이다. 마치 전교 1등에게 비결을 물었더니 "국영수 위주로 공부했어요"라는 답이 나오는 것과 같다.

나는 본능적으로 가장 쉬운, 그러나 강력한 성공의 법칙을 찾기 시작했다. 자기계발서 300권 속에서 찾아낸 것은 "생각하는 대로 이루어진다"이다. 수많은 업적을 낸 위인이나 성공한 사람들의 이야기를 자세히 살펴보면, 모두 "생각"이란 것을 먼저 했다. 그리고 행동했다.

『유인력, 끌어당김의 법칙』을 쓴 에스더 & 제리 힉스는 끌어당김의 법칙의 정의는 "비슷한 것끼리 서로 끌어당긴다"라고 했다. 즉, 내가 생각하는 것을 내가 끌어당긴다는 것이다. 좋은 생각을 하면 좋은 것이 끌려오고, 나쁜 생각을 하면 나쁜 것이 끌려온다.

### 전원주택 끌어당기기

나는 내 목표와 이루고 싶은 꿈의 목록을 적어서 수첩에 넣어 다니기 시작했다. 그때 쓴 것 중에 하나가 '전원주택에서 살기'이다. 모두의 버킷리스트이자 로망일 것이다. 나만의 주택을 지어서 마당 있는 집에서 아이들과 뛰어놀고 바비큐도 해먹는 모습. 누구나 바라는 일이므로 나도 내 꿈의 목록에 적어 놓았다.

그로부터 2년 뒤, 나는 시내가 가까운 농촌지역에 집을 지어 지금까지 살고 있다. 으리으리하고 화려하지는 않지만 부모님과 우리 다섯 식구가 살기에는 충분한 집이다.

사실 이 집을 지을 때, 금전적으로 여유가 있었던 것은 아니다. 도시와 가까운 외곽이어서인지 땅값이 좀 비쌌고 우리는 여유자금이 없었다.

부모님이 계시던 반지하집 전세가 만기가 되었고 비만 오면 곰팡이가 피어 그대로 살수가 없었다. 늘 시골집에서 살고 싶다던 부모님 때문에 주말마다 외곽으로 '촌집'을 보러 다녔다. 그런데 금액이 맞으면 집은 다 쓰러져가고, 집과 위치가 마음에 들면 가격이 턱없이 비쌌다.

주말마다 부모님과 함께 부동산 투어를 하다가 모두가 지쳐서 '이제 그만 포기하고 그냥 살고 있던 집을 연장할까' 고민할 때였다.

남편이 마지막으로 부동산을 한 군데만 더 들리자고 했다. 그곳은 새로 개발되기 시작하는 신도시 바로 인접 지역으로 최근 땅값이 천정부지로 치솟고 있던 동네였다.

"더 외곽지역도 돈이 모자라는데, 여긴 더 비쌀 텐데."

"그래도 한 군데만 더 가보고 집에 가자."

남편이 혼자 잠깐 가보고 오겠다더니 5분도 채 되지 않아 다시 나왔다.

'그럼 그렇지. 우리한테 딱 맞는 땅이 있을까?' 생각이 끝나기도 전에 부동산 중개업자가 따라 나오며 땅을 보러 가자는 것이다.

"마침 딱 그 조건에 맞는 땅이 있습니다."

반신반의하며 따라간 곳은 마을 중심 코너에 있는 작은 땅이었다. 100평도 안 되는 세모모양의 땅이 급매로 나왔다고 한다. 우리가 부동산에 들어가기 바로 몇 분 전에 주인이 급하게 내놨던 것이다.

딱 집 한 채 짓기에 적당한 땅이, 마침 우리가 가진 돈만큼의 금액으로 매물이 나와 있었다.

바로 계약을 하고 집을 지어 지금까지 부모님과 살고 있다. 정말 간절하게 집이 필요하긴 했지만, 또 전원주택에서 살고 싶었지만 이렇게 빨리 이루어질 줄 몰랐다. 사실 그렇게 크게 기대하지도 않았었다.

### 인테리어 자금 끌어당기기

2층집을 지어 4년간 사는 동안 아이들이 많이 자라 각자의 공부방이 필요하게 되었다. 처음 집을 지을 때 자금 압박으로 방의 수와 크기를 넓게 하지 못했는데 몇 년 지나지 않아 좀 더 공간이 필요한 상황이 된 것이다.

베란다 확장 공사를 하면 아이들 공부방이 확보될 것 같은데 인테리어를 새로 하자니 돈이 없었다. 일단 견적이라도 보자는 마음에 여기저기 알아봤더니 1,000만 원 이상 목돈이 필요한 상황이었다. 생각보다 비용이 많이 들어 거의 포기하고 있었다.

그때 갑자기 얼마 전에 받은 문자 한 통이 기억났다. 워낙 광고문자도 많아 평소 문자에 신경을 잘 쓰지 않는 탓에 대충 읽고 잊어버렸던 문자였다. 학원 사업을 시작한 초창기에 '노란우산 소득공제'라는 것을 가입했는데 5년 뒤 폐업신고를 하고 다시 사업자를 내는 과정에서 그때 납부했던 돈을 찾아가라고 문자가 온 것이었다. 폐업 신고한 지 2년 동안이나 까맣게 잊고 있던 돈이었다. 얼마나 있는지 확인해 보니 딱 인테리어 견적금액이라 깜짝 놀랐다. 딱 맞는 시기에 딱 그만큼의 자금이 생겼다. 내가 꿈꾸고 원하면 그것이 끌어당겨진다. 놀랍지 않은가?

이런 굵직한 경험 외에, 사소하게 일상에서 원했던 일들이 하나씩 실현된 경험들도 있다. 이 글을 읽는 엄마들도 그런 경험이 있을 것이다. 오늘 족발을 먹고 싶었는데 남편이 퇴근길에 사왔다든지, 옛 친구 생각을 했는데 그 친구에게서 전화가 온다든지……

반대의 끌어당김도 있을 수 있다. 자꾸만 걱정을 하고 있으면 걱정하던 일이 현실화된다.

이 법칙을 몇 번 경험하고 나니, 부정적인 생각을 하고 있다가도 깜짝 놀라 내 생각을 바꾸게 된다. 의식적으로 너무 부정적인 생각은 하면 안돼~ 라고 생각하는 것 자체가 오히려 그것을 끌어당기게 되니 긍정적인 생각으로 자꾸만 전환하려고 한다.

'시크릿'이나 '끌어당김의 법칙'은 미신도 아니고, 종교도 아니다. 실제로 우리 주변에서 일어나고 있는 일이다. 그냥 속는 셈치고 바라는 이미지에 대한 긍정적인 생각을 많이 해보면 어떨까?

되면 좋고 안 되어도 그만이다. 그저 가볍게 즐겨보자.

오늘밤에 남편이 치킨을 사오는 것을 한번 끌어당겨보자. 남편이 사오면 맛있게 먹고, 안 사온다면 절로 다이어트가 된 것이니 이 또한 좋은 일이다.

## 엄마를 위한 끌어당김의 법칙 실전 연습

Step1. 끌어당김의 법칙과 긍정사고를 도와주는 책을 소개합니다.

우리의 잠재의식은 너무 강해서 새로운 생각을 쉽게 받아들이지 않아요. 꾸준한 독서와 실천을 통해 내면을 바꾸고 행복한 삶을 주도적으로 살아봐요.

1. 『와칭』(1, 2), 김상운 지음
2. 『유인력 끌어당김의 법칙』, 에스더 & 제리 힉스
3. 『머니룰』, 에스더 & 제리 힉스

위의 책들이 좀 어렵다면, 『2억 빚을 진 내게 우주님이 가르쳐준 운이 풀리는 말버릇』(고이케 히로시)를 추천합니다. 만화를 보듯 쉽게 술술 읽히면서 우주의 원리와 행복해지는 방법을 제안해요.

Step2. 자, 그럼 나도 한번 끌어당겨볼까요? 저의 끌어당기기 꿀팁을 소개합니다.

1) 내가 끌어당기기를 원하는 것은 무엇인가요?(다른 사람 것은 안 돼요. 본인이 주체가 되어야 합니다. ex) 우리 아이가 100점을 맞았어요 등)

2) 구체적으로 시각화해 봅니다.
그림을 그리거나, 원하는 이미지를 붙여주세요. 가능한 구체적으로 할수록 좋습니다.

3) 원하는 것을 이미 가졌다고 상상해 봅니다.
보고 만지고 냄새를 맡거나 하는 상상을 합니다. 기분이 좋아지지요?
이 즐겁고 행복한 기분으로 하루를 보내세요~~

4) 왜 안 당겨져, 언제 나타날까? 생각하지 말고 그냥 그 느낌만 갖고 잊어버립니다.
집착하지 않는 것이 핵심 포인트이니 꼭! 기억하세요!!

# 나에게 집중하면 얻어지는 것들

'하루 5분, 나의 내면을 들여다보는 시간을 가져라.'

앞서 나의 취미는 '독서'라고 밝힌 바 있다. 남들이 물어볼 때의 대답용이 아니라 내가 정말 좋아서 하는 일, 그중에 하나가 독서이다. 하지만 어느 순간 '운동'이 추가되었다. 일주일 이상 운동을 하지 않으면 몸이 찌뿌둥하다. 내가 마인드스쿨의 조성희 대표를 처음 만났을 때 했던 말이 기억나는가?

"난 진짜 딴 건 다 해도 운동은 못하겠어요." 그랬던 운동이 나의 취미가 되었다.

요즈음 취미이자 중요한 내 일상이 한 가지 추가되었다. 바로 '명상'이다. 오프라 윈프리나 스티브 잡스 같은 명사들이 명상을 했다는 얘기를 들어본 적 있을 것이다. 명상을 검색해 보면 연관검색어로 "행복해지는 법, 세로토닌, 긍정의 힘, 마음수련, 명상음악 듣기, 마음 챙김" 등의 단어가 나온다. 명상이 행복이나 긍정과 어떤 관계가 있을까?

나에게 명상은 가부좌 자세로 앉아서 가만히 기도(?)하는 것

정도의 이미지였다. 종교수행자나 스님들만 하는 그런 모습으로 말이다. 그런 것이 이제 나의 취미를 넘어서 하루 일상의 필수적인 부분이 되었다니, 참 신기하다.

처음에는 그저 '혼자 조용히 있는 시간'이 필요했다. 아무것도 하지 않고 그냥 혼자 조용히 있고 싶었다. 그것을 표현할 수 있는 단어가 '명상'이었기에 그저 '명상 한번 해볼까?'라는 생각을 한 것이다.

『유인력, 끌어당김의 법칙』에서 자신이 원하는 것을 시각화하기 위해 '워크숍'을 하는 시간을 따로 가지라고 했다. 내가 목표하는 것을 이루기 위해 그것을 생각하는 '워크숍'이란 것을 해보기로 했고, 그것을 내 스스로 '명상'이라고 표현하기 시작했다.

가장 먼저 필요한 것은 조용히 혼자 있을 시간과 장소였다. 식구들이 잘 가지 않는 베란다 한편에 자리를 깔고 앉았다. 방법도 모르니 그저 눈을 감고 내가 이루고 싶은 목표를 떠올리기 시작했다. '엄마를 위한 비전 로드맵 실전'을 해보신 분들은 알 것이다. 내가 하고 싶은 일을 떠올리면 얼마나 행복해지는지. 단지 그것을 생각하는 것만으로도 기분이 좋아진다. 시작은 단순히 그랬다.

명상음악 같은 것을 틀어 놓고 하면 집중이 더 잘될까 하는 마음에 유튜브를 검색했더니 관련 영상이 많이 나왔다. 마음에 드는 것을 틀어놓고 음악처럼 듣기도 하고 가이드 명상을 따라 하기도 했다.

> "명상 좀 한다는 이들 사이에서 유명한 인물은 메이저리거 박찬호, 탤런트 고소영 등이 있다. 미국인으로는 애플의 스티브 잡스와 방송인 오프라 윈프리 등이 주로 거명됐다."
> (중앙SUNDAY, 2018. 08. 11)

오프라 윈프리는 독서와 감사일기를 자신의 성공 비결로 알려주고 있다. 그녀는 페어 필드 아이오와에 있는 명상 마을을 방문하면서 명상에 대해 알게 되었다. 그 이후 TV쇼 준비로 '하포 프로덕션'에 명상을 도입하기 위해 팀원 7명과 명상을 시작하게 되었는데, 7명이 100명이 되고 200명이 되더니 나중에는 회사 전 직원이 명상을 하게 되었다고 한다. 명상을 통해 직원들은 삶의 활력과 동기가 생겼을 뿐 아니라, 편두통이나 불면증이 사라지고 업무능력이 향상되었다고 한다.

매일 규칙적으로 5~10분 간 명상하는 시간을 가지고 난 후, 내 삶도 급격히 변화했다. 우선 내면의 나 자신을 들여다볼 수 있었다. 내가 나에게 질문하고 답을 받는 시간이 생겼다. 남편 때문에 속상했던 어느 날, 나 자신에게 물어보았다.

'남편이 한 말과 행동의 어떤 점이 나를 기분 나쁘게 했니?'

나는 대답한다.

'사실 그렇게 기분 나빠할 만한 상황은 아닌데 말이지. 대체 내가 왜 그랬을까?'

'그렇지. 그럴 일은 아닌데, 남편에게 너무 많은 기대를 하는 건 아닐까?'

이런 식으로 나와의 문답을 이어가다 보면 속상한 일들도 아무렇지 않게 된다. 아이들에게도 화내거나 짜증내는 횟수가 줄었다.

특히 내가 운영하는 학원의 직원들과 선생님들에 대한 태도가 많이 변했다. 많은 일을 위임해 놓고도 은연중에 완전히 믿지 못하는 마음이 있었던 것 같다. 명상을 통해 선생님들과 나 자신을 더 이해하는 시간을 가졌더니 실제로 100% 신뢰하는 마음이 생겼다.

명상 며칠 한다고 해서 사람이 갑자기 180도 바뀔 수는 없다. 남편에게 가끔 짜증내는 것도 여전하고 아이들에게도 못 참을 때가 여전히 있다. 하지만 나는 명상 그 자체가 좋아졌다.

우리는 항상 많은 사람들과의 관계 속에서 힘들어한다. 혼자 있는 시간이 있다고 하지만 생각해보면 혼자가 아니다. 폰을 들여다보거나 SNS로 소통하거나 영화를 보거나 항상 사람들과 연결되어 있다. 그러니 스트레스가 쌓이고, 화가 쌓이기도 한다.

그럴 때, 꼭 필요한 것이 '자기 자신과의 시간'이다. 아무것도 하지 않고, 진짜 나와 만나는 시간을 가져보길 권한다.

방법도 그렇게 어렵지 않다. 비싼 돈을 들여 명상센터에 등록하지 않아도 된다. 나를 만나는 것은 장소와 방법이 중요하지 않기 때문이다.

명상을 시작하고 나서 이 책의 원고 방향을 정할 수 있었다. 그전에는 책을 써서 작가가 되겠다는 마음만 가득했지, 어떤 내용으로 무슨 책을 써야 할지 갈피가 잡히지 않았다. 나에게 직접 물어보는 시간을 많이 가지고 나서 내가 진짜 쓰고 싶은 글이 어떤 것인지 알 수 있었다.

특히 엄마들에게 명상을 추천한다. 엄마가 마음이 평화로우면 아이들도 행복하고 평화로워진다. 이제 중학생이 된 큰아이도 함께 명상을 하려고 한다. 집중력과 문제해결력도 높여주며, 명상 중 긍정적인 암시를 통해 자아존중감도 올라갈 것이다.

엄마를 바꾸고 삶을 바꾸는 하루 5분, 나를 만나는 시간을 꼭 가지기를 추천한다.

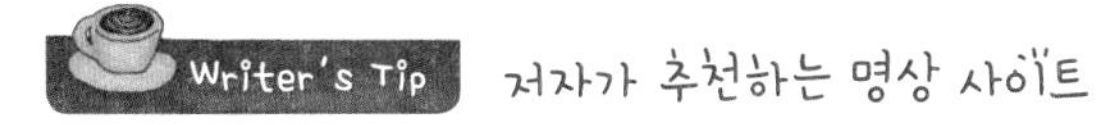


아래의 사이트는 참고만 하세요. 필자의 명상에 대한 좁은 식견으로 무엇이 좋고 무엇이 나쁘다고 왈가왈부할 수는 없습니다. 단지 제가 자주 듣고 있는 명상 영상을 공유합니다.

항상 한 가지 의견만 듣고 한쪽에만 치우치면 위험할 수 있으니 다양한 채널을 열어 놓고 정보를 선택하시기 바랍니다.

1. 유튜브 "귓전명상"

김광석뮤지컬 – 「마흔 즈음에」의 가수 채환의 감미로운 목소리로 가이드 명상을 들을 수 있다. 특히 8시간 동안 재생되는 수면 명상은 불면증과 긍정 암시에 많은 도움이 된다.

2. 유튜브 "마인드 풀 TV"

유튜브 채널로 명상과 마음에 대한 영상을 주로 업로드 한다. 젊은 아기엄마 '정민' 님의 차분한 목소리와 간결한 내용이 간단하게 가이드 명상을 따라 하기도 좋다. 또 명상에 대한 기본 지식을 알려준다.

3. 유튜브 "작가 김새해의 사랑 한 스푼"

책 리뷰 콘텐츠를 주로 올리는 김새해 작가의 영상은 명상 관련이라기보다는 긍정 확언과 독서에 대한 내용이 많다. 초기에 불면증이 있을 때는 김새해 작가가 책 읽어주는 영상을 틀어 놓고 효과를 봤다.

4. 유튜브 "김사장의 마음공부방"

마음공부와 관련된 책을 소개하고 차분한 목소리로 우리 내면을 탐구하는 여정을 함께 해준다. 깊이가 있어 혼자서는 읽기 힘든 책을 편안하게 설명해 준다.

에필로그

# 엄마의 마카롱

갖가지 파스텔 색의 작고 귀여운 동그라미.

쫀득한 꼬끄를 베어 물면 입안에 퍼지는 달콤하고 부드러운 필링.

초콜릿 상자를 눈앞에 두고 무엇을 먼저 먹을까 고민하는 아이처럼 마카롱 한 상자는 언제나 나를 설레게 했다.

이름조차 잘 알지 못했던 서양과자

마카롱.

어느 일상, 똑같은 날 중에 하루지만

커피 한잔을 내려놓고

오늘은 무슨 맛을 먹을까 설레는 마음으로 집어든 마카롱으로 하루치의 행복과 위안을 채웠다.

엄마라는 이름과 함께 찾아온 인생의 무게는 외면하고 벗어나려고 발버둥친다고 해서 덜어지지 않는다. 그런데 간혹 달콤한 서양과자 하나가 하루를 버티는 힘이 되기도 한다.

내가 마카롱을 처음 먹었을 때, '오늘은 이거면 충분하다'고 생각했다. 그리고 다시 일어서 묵묵히 내 앞에 주어진 일들을 해냈다.

엄마들에게 하루의 선물 같은 마카롱이 되어 주고 싶다. 폭신폭신하지만 가볍지 않게, 우아하게 위로와 응원을 하고 싶었다.

나의 짧은 식견으로 세상의 위대한 엄마들에게 이래라저래라, 자기계발해라 독서해라 훈계하려고 쓴 글이 아니다. 오랜 교육 경험을 통해 내게 보이는 것을 보지 못하는 엄마들에게 공유하고 보여주고 싶은 마음이었다.

글을 쓰고 경험을 나누는 동안, 나 또한 치유가 되었다. 그때의 상황과 기억이 고스란히 떠올라 눈물이 북받쳐 오르기도 했다. 과거로 돌아가 아이를 키우는 과정을 돌아보고, 힘들었던 그 시간과 장소로 돌아가 그때의 나에게 말해주었다.

"다 괜찮아질 거야."

처음의 거창한 목표들, 엄마들에게 지대넓얕(인기 팟캐스트 방송) 같은 '자기계발서'가 될 거라는 욕심은 원고를 마무리하면서 넓게 흐트러져 버렸다. 그저 함께 엄마의 길을 가고 있는 그녀들과 손잡고 등을 토닥이며 괜찮다고, 잘하고 있다고 말해주고 싶다.

이 책을 읽고 엄마들이 자기계발에 대한 필요성은 느끼되, 큰 부담은 갖지 않았으면 한다. 사실 엄마로써 지금껏 살아오는 것만으로도 얼마나 대단한 일인가? 거기에 책 읽어라, 공부하라, 돈 벌어라 잔소리까지 더 얹고 싶지는 않다.

그저 이 책은 내가 좀 더 나로 살고 싶을 때, 하지만 뭐부터 시작해야할지 모르겠다면 살며시 꺼내어 읽어보면 좋겠다. 지금까지 내가 수백 권의 자기계발서를 읽으면서 느낀 것들과 알게 된 것들을 차 한잔 마시며 수다 떨 듯이 공유하고 싶을 뿐이다.

부족한 내가 책을 내겠다고 했을 때, 삼백 권을 사겠다며 불안한 나를 웃게 했던 통 큰 배원장님(300권 안 사도 돼~), 내 책이 나오면 거래처에 돌릴 그날만 기다린다는 제주도 박도현 씨, 감사일기로 인연이 되어 저자에게 큰 자극을 주시는 양경윤 작가님, 글쟁이의 근성을 알게 해 주신 이동조 작가님, 내 안의 글쓰기 본능을 깨우쳐주신 권귀헌 작가님, 주말에 글 쓴다고 나가도 아이들을 봐주며 열심히 하라고 응원해주던 남편, 항상 든든한 힘이 되어 주시는 부모님, 엄마 글 쓰는 동안 방해 안 하고 옆에서 꼼지락거리느라 고생한 우리 지호·장호·주원이, 책 나오면 꼭 사인해 달라는 학원 선생님들과 학부모님들의 응원, 수많은 지인들의 격려 덕에 여기까지 올 수 있었다.

에피소드가 넘쳐서 골라 담아야만 했던, 당시에는 나에게 엄청난 고통을 주었던 경험들과 아픔과 수많은 실패에도 감사한다.

열심히 산다고 살다 보면 어느새 느껴지는

'옆에 아무도 없네' 하는 외로움에 치를 떠는 날,

예쁜 마카롱 하나를 골라서 커피잔 옆에 내려놓고 스스로에게 말해보자.

"다, 괜찮아질 거야."

2019년 여름<br>많은 엄마들이 다시<br>나에게 집중하기를 바라면서<br>지정화 씀

지은이 지정화

대학에서는 신문방송학을, 대학원에서는 교육공학을 공부하였다.
20여 년 동안 비전교육과 영어교육 전문가로 활동하면서 많은 학생들을 가르치고 다양한 학부모 교육을 진행하였다.
그 노하우를 종합하여, 엄마이자 교육자의 입장에서 부모들이 공감할 수 있는 이 책 '엄마를 위한 자기 계발서'를 집필하였다.
현재 CLA에이프릴어학원 원장이며, (사)한국입학사정관 협회 정회원, 하브루타 지도사, (사)한국미래평가교육원 KET출제위원 등 다양하게 활동하고 있다.

- 인스타그램: cla_director
- 유튜브: 영자감TV
- e-mail: jhnara77@naver.com
- 밴드: 엄마성장커뮤니티 Me, Again

# 다시, 내가 되다

**초판 1쇄 인쇄** 2019년 7월 1일 | **초판 1쇄 발행** 2019년 7월 8일
**지은이** 지정화 | **펴낸이** 김시열
**펴낸곳** 도서출판 자유문고
(02832) 서울시 성북구 동소문로 67-1 성심빌딩 3층
**전화** (02) 2637-8988 | **팩스** (02) 2676-9759
ISBN 978-89-7030-140-2 03320 값 14,800원
http://cafe.daum.net/jayumungo (도서출판 자유문고)

다시, 나 Me, Again!

다시, 내가 되는 시간을 충분히 즐기셨나요?

당신을 소중하고 귀하게 여기는 누군가로부터
이 책을 선물 받으셨나요?

그렇다면 다시, 스스로에게 집중하길 바라는 누군가에게
이 책을 선물해 주세요.

누구의 엄마, 남편, 며느리로 살고 있는 그녀에게도
다시 '나'로 돌아갈 시간을 선물해 주세요.